如果國家是100人島

東大生 經濟學 的秒懂筆記
讓 變好玩

作者

Mugitaro
東京大學工學系博士

審定

井上智洋
駒澤大學經濟學系副教授

審定

望月慎
《MMT「現代貨幣理論」超好懂》作者

野人

作者序

只要讀過本書，你就能夠「完全讀懂經濟學」。

「怎麼可能！」

大家心裡肯定會這麼想。

我相信許多「想要搞懂經濟學但就是搞不懂」的人，一定都曾經拚命閱讀經濟學相關書籍、努力學習，但看到電視上播放的每日經濟新聞，或是聽政治家談論經濟話題時，大部分人依然丈二金剛摸不著頭緒，對吧？

我想要告訴這些人，就算知道「通膨」、「利率」、「景氣循環」等經濟學用語，其實沒有意義。這就像是你知道鍵盤上的空白鍵和確認鍵的用途，但依然不知道「電腦能用來做什麼」。

為什麼經濟學如此難以理解？原因是規模實在太大，大部分人難以觀其全貌。

所以我想請大家先將經濟體想像為「100人居住的島嶼」。

然後馬上將這個架構牢記在心。

試著以這樣的架構跟別人談論經濟。

這樣一來，就能成為「了解經濟學之人」。

這本書正是要帶領大家走上「讀懂經濟學」的道路！

當你「了解經濟學」之後，你在日常生活當中就會很自

然地「留心經濟議題」，也會湧現自己的意見。

比方說，當你聽到以下國會中的質詢答辯內容，你會有什麼想法呢？

「日本今後要如何重整社會經濟和產業結構、實現由民間主導的經濟成長，這是相當重要的。到目前為止，財政刺激政策都是政府在評估過經濟狀況後實施的，但若是因此造成國家持續負債，又或財政營運上失去可信度，便很有可能造成不良升息或者嚴重通膨等，進而對國民生活產生重大影響。政府的任務除了實現民需主導的經濟成長，也必須繼續執行歲出歲入之改革，讓經濟復甦及財政健全化可以兩全。因此，提高消費稅一事，在轉換至「全世代型社會保障制度」的過程中，乃是不可或缺的一環。我們必須要在維持國家財政平衡的範圍內，支援中低收入階層的雇用、收入、確保居所等課題。另外，也希望能夠在提高生產力的同時，透過提高最低薪資來促進整體薪資之提升。」 ～節錄自書末參考文獻51

這些文字或許看起來就像「一長串無聊的咒文」。
但是在閱讀這本書以後，你就能夠馬上理解「原來是這個意思」，同時也會產生**屬於你自己的意見**，例如「真的是這樣嗎？財政刺激政策確實會被計算為國家債務，但那畢竟是建立在國家的徵稅權力上，應該沒有實質風險吧？所以我認為消費稅應該可以降低」。

有人會問：「了解經濟學對生活有何幫助？」
這個問題有些難以回答，但我認為**「了解經濟學」以後，**

看世界會變得更加清晰，讀完經濟新聞也會感到興奮並發現「真有趣！」、「我想知道接下來會發生什麼事？」，而且當世界上發生某些事情時，你也會深表同感並心想「原因應該是這樣吧」、「的確是會產生這種後果」，同時也會浮現「或許日本也應該這麼做」、「這個政策真棒呢！」之類的念頭。

每天這樣過日子，生活就會比以往更有活力且有趣。

我希望大家也能跟我有相同的感受。

為此才寫了這本書。

接下來，就請大家和「100人島」以及島上的居民，一起悠遊於經濟世界吧！

注意事項
關於「100人島」這項比喻

● 「100人島」的原型是「建立於資本主義之上的民主政治及法治國家」。

● 我們的目的是專注於說明「金錢與國家的架構」。

● 文中的人數、金額、時間等數字和「實際數字」並無關聯。

● 文中的說明流程也並沒有按照「經濟發展歷史」。

● 書中出現的動物種類並沒有特殊意義。

● 書中將日本中央銀行替換成「貨幣印刷廠」、債券替換成「〇〇票券」等本書自創的說法。

以上都是作者為了徹底消除經濟學中,那些「讓人難以理解之處」而下的工夫。希望你理解後再開始閱讀。

目　錄

CHAPTER

1

在發明貨幣之前

CHAPTER

2

國家與金錢

CHAPTER

1

在發明貨幣
之前

BEFORE ECONOMY

使用語言來分配

有100隻猩猩漂流到無人島上，開始在島上生活。
有100個人漂流到無人島上，開始在島上生活。
這兩者的生活樣貌為什麼會截然不同呢？

答案是「語言」。
猩猩只能各自去尋找食物，自給自足地生活。
相反地，人類會這樣做……
人類A：「我來蓋房子。」
人類B：「我去找水。」
人類C：「我去找食物吧。」
人類D：「我來監看有沒有野狼靠近。」
也就是**使用「語言」來進行簡單的工作分配。**

接著，**人類會再用「語言」來分配房子、水、食物。**

假如野狼沒有出現，D就會呆站在監看處。

猩猩絕對不可能把房子、水和食物分享給呆站著的D。
但是人類會使用「語言」共享並且理解該工作的重要
性，所以把水和食物分配給D時，人類不會感到不滿。

此外，人類還因為擁有「語言」，因此可以傳承「知識」。
舉例來說，若有人花費十多年研究出冶鐵的方法，那麼
下一個世代就能夠用「語言」學習冶鐵的方法，不必再
耗費十多年反覆嘗試。

接著，再下一個世代就會在「冶鐵方法」這個基礎上，
催生出更加嶄新的技術。

人類島嶼

第一代

有個天才發明了冶鐵的方法！

第二代

學習冶鐵的方法，並發明了電力！

第三代

學習了冶鐵和發電的方法，發明了燈泡！

第?代

學習各種知識，發明了智慧型手機！

傳承知識 ➡ 發展技術

猩猩島嶼

第一代

有個天才發明了冶鐵的方法！

第二代

冶鐵法失傳

第三代

沒有任何發明

第?代

有個天才發明了冶鐵的方法！

無法傳承知識

我們現在能擁有智慧型手機這類令人驚異的科技產品，就是因為人類累積了幾千年的知識。

也就是說，如果你想在無人島上從零開始打造一台智慧型手機，必須耗費幾千年。

人類運用語言來「分攤工作」、「分配資源」、「傳承知識」，一路發展至今。

這正是人類的強項。

「經濟」也是由此開始發展的。

接下來，就讓我們用動物們居住的「100人島」，一起來思考「經濟」這套看來既單純又複雜的機制吧。

2 100 人分工合作

請試著想像，
有一座小島嶼，上面居住著100個人。

居民並不是自給自足，而
是大家同心協力、分攤不
同工作，一起生活。

這100個人為了生存下去，需要三項必需品，
那就是食物、商品、服務。

為了製造這些東西，大家都很努力在工作。

100人之中，有10個人是農民。
他們可以製造出「100人份食物」。
只要有「100人份食物」，
島上的100個人就不會餓死了。

有40個人是工人。
他們蓋建築物，製作家具、衣服、日常用品等商品。
這40位工人能夠做出100人份的生活必需品。

有50個人在服務業工作。

他們負責剪頭髮、搬貨物、當搞笑藝人來讓大家開懷大笑，他們提供的服務使這座島嶼更適宜居住，也讓島上100人能更加開心地生活。

接下來，我想請問大家：

「這座島上還沒有『金錢』，島上的100個人沒有金錢也能生活嗎……？」

3 如何公平分配資源？

答案是「**即使沒有『金錢』，島上的100個人依然能生活。但前提是所有居民必須感情好到彷彿一家人**」。

如果大家能夠「平均分配」所有資源，那麼每個人就都能享有食物、房子、日用品以及各種服務，不會有人餓死。

現實中，在金錢還不存在的時代，原始人就是以非常小規模的團體存在，大家講好必須融洽地一起生活。

但是，當團體人數多達100個人，情況就不一樣了，大家必定會發生爭執。

有人會希望：「給我多一點地瓜。」

「那傢伙的房子比較好，我想跟他交換。」

「我釣到的魚比他多，卻只能交換到跟他一樣的衣服，這不公平！」

肯定會有居民這樣抱怨。

隨著人口數開始增加，大家想融洽地均分食物、房屋、日用品和各種服務，會變得越來越困難。

而且，該如何分配100個人的工作，就更困難了。

「10位農民要種出100人份的地瓜，實在太辛苦，我們需要多一點農民。」

「我不想當工人，工人太危險了。我想當農民或從事服務業。」

「你如果還有空閒時間，就去撿垃圾吧。」

「該在何時，由何人幫大家造橋呢？」

由於每項工作的辛勞程度並不相同，而且每個居民對不同事情的「需求度」也不一樣，所以大家很難和樂融融

食物、商品、服務都是100人份

100人島

由100人生產

大家能夠融洽地分配資源嗎？

開始分配

居民很難永遠融洽地分配資源

地決定每項工作該由誰完成？又需要幾個人來完成？
當人數越多，就越不可能「平均分配資源與工作」。

因此，居民會選出領導者。

領導者會決定：
「你太偷懶了，只能拿一顆地瓜和破爛的衣服。」
「你非常勤勞，可以拿十顆地瓜和漂亮衣服，還可以去
剪頭髮。」

但這種分配方式行不通，
因為領導者不一定是正直的人。
他在分配資源時，
可能會將居民努力收集來的食物、商品和服務，
「占為己有」或者「只分配給自己喜歡的居民」。

此外，即使領導者是正直的人，但當居民多達100個人
時，領導者不可能精準判斷所有人的「勤奮程度」。居民
一定會不滿，抗議說：「我種的地瓜很明顯比隔壁家好
吃」、「我明明做了許多堅固的椅子」、「我分明就寫出
島上最有趣的故事啊」。

因此，島上的100人再次展開討論，
終於發明出一種「系統」，

能夠公平地衡量所有人的損失和獲益。

只要擁有這套系統，島民就能平均分配食物、商品和服務，工作分配也更加順暢。

大家的生活都變得更輕鬆了。

每個人都是這麼想的。

那麼，這套「系統」究竟是什麼呢？

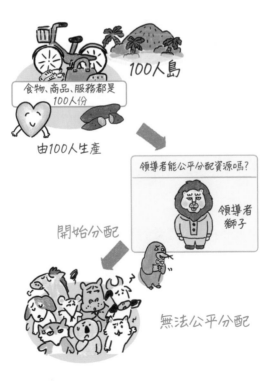

4 打造島嶼規則與金錢

為了讓100人島上的生活更加輕鬆，居民們決定要採納這一套「系統」，

那就是「國家」。

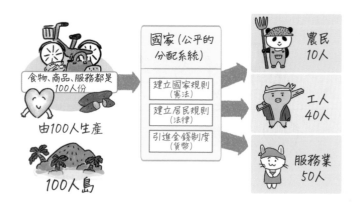

100人島為了打造「國家」這套系統，

居民首先要建立最基礎的「國家規則（即憲法）」。

國家規則包含：

「可以自由選擇職業。」

「可以自由表達意見。」

「國家的目標是讓大家都能幸福地生活。」

「不妨礙他人的思想自由。」

「不發動戰爭。」

所有居民都必須遵守這些規則，**如果沒有重大理由，國家規則是不可更動的。**

接下來，還需要建立「居民規則（即法律）」。

居民規則包含：

「不可以偷竊商品。」

「破壞商品須賠償。」

「不可以擅自進入他人家中。」

「販售商品時不可欺騙他人。」

「不可以雇用兒童工作。」

這類相對細節的事物。**如果想要更動「居民規則（法律）」，會比「國家規則（憲法）」更容易一些。**

接下來，居民引進了「金錢（即貨幣）」這項工具。

有了「金錢」之後，

大家就不會再因為「該如何分配地瓜？」發生爭執。

想吃多一點地瓜的人，就要努力工作，賺更多錢，就可以買更多地瓜了。

100人島建立規則和金錢之後，不只解決了「商品及服務的分配問題」，

還解決了「工作分配」的問題。

100人島

食物、商品、服務都是
100人份

由100人生產

建立規則及金錢制度來
管理資源/分配

開始/分配

均衡/分配資源
成功!

島上的規則允許每位居民都能做自己想做的工作。

因此，那些「很辛苦、沒有人想做，但是大家都非常需要的工作」，
逐漸變得人手不足。

但是那些工作是每個居民都需要的，所以人手越不足，
那份工作能夠賺的錢就越多。
一旦能賺的錢變多，就會有更多人想做那份工作，自然
就緩解了人手不足的情況。

此外，居民還會變得非常努力工作，
因為大家會為了想賺錢吃更多地瓜，
而製作出更好的商品、
或者提供更好的服務等，
讓整座島嶼的商品和服務品質都變得更好。

**100人島「建立國家，並打造規則及金錢制度」之後，在
「分配商品與服務」以及「分攤工作」上，
都運作得更加順暢了！**

⑤ 建立政府與公務員

然而，島上的100個人
雖然建立了名為「國家」的系統，
但這還不夠。

為了要讓系統順利運作，
居民必須思考「今後該如何維持國家的運作？」
大家需要有能夠一起討論、決定事情的地方。

因此，100位居民
打造出「政府」這項機構。

接下來，居民會透過選舉，從農民、工人、服務業等各
行各業中選出各自的代表。

被選出的代表會在「政府」中，
遵循「國家規則」，
共同思考並討論「國家未來該如何運作？」
然後決定各項事務。

◎現實中,日本「國會議員」就是經由選舉遴選出來的民選代表,他們會在國會中討論各種事情,決定日本今後的走向。

◎100人島將國會、內閣等單位都統稱為「政府」,但在日本這兩者的工作並不相同,國會負責立法、內閣則負責行政工作。

但光是建立「政府」還是不夠。

畢竟政府若只是口頭告知大家:「國家從下個月起會開始執行居民規則。」

島嶼上並不會發生任何變化。

必須要有人「逮捕違反規則的居民」、「打造島嶼需要使用的金錢」、「執行政府的決策」、「從事管理國家的工作」才行。

因此,原先50位從事服務業的人,有20人必須成為替政府工作的「公務員」。

公務員會逮捕違反規則的居民、
會印刷鈔票、執行國家的決策,
他們的工作是為了讓國家這個系統能夠「順利運作」。

食物、商品、服務都是
100人份

由100人生產

100人島

國家 (公平的
分配系統)

建立國家規則

建立居民規則

引進金錢制度

公務員
20人

農民
10人

工人
40人

服務業
30人

而成為公務員的20個人，

會用紙張印刷鈔票，然後蓋上國家專用章，製作出國家
獨有的貨幣「島嶼幣」，然後發給每個居民每人一萬元，
讓「島嶼幣」開始在島上流通。

由於「島嶼幣」開始流通，

因此農民貓熊可以用**賣掉食物得到的貨幣**、

工人豬可以用**賣掉自己製作的商品得到的貨幣**、

服務業兔子可以用**提供服務得到的貨幣**、

公務員猩猩可以用他**讓國家順利運作得到的貨幣**，各自
去購買食物、商品或者服務。

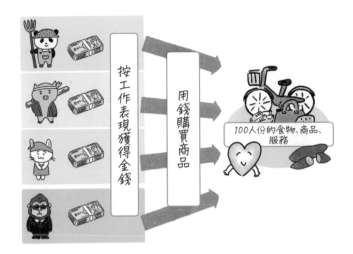

然而，並非所有「商品與服務分配」和「工作分攤」，都能透過貨幣交易來解決。

例如，島上有些工作屬於「很難賺錢、通常沒有人想做」的事情，但是這些工作對眾人來說都很重要，例如：收垃圾、滅火、研究不知何時會派上用場的技術等。因此，這些工作會由公務員來負責執行。

此外，有些工作「雖然可以賺錢，但若由壞人或狡猾之人負責處理，會讓居民非常困擾」，例如：自來水、瓦斯和電力供應等。所以，這類工作最好由國家管理，交由公務員執行。

維持國家的運作
例如：處理文件、擔任警察、
發行貨幣等

負責很重要
但難以賺錢的工作
例如：清潔、消防、基礎研究

公務員

負責由國家管理的工作
例如：自來水、瓦斯、電力供應

「100人島」打造出政府和公務員後，「國家」這個系統
就能開始順利運作，
居民再也不用討論：
「這件事情該由誰來做？」
「該如何分配資源？」

這樣一來，似乎所有事情都圓滿解決了。
但其實還存在一個大問題。

在這種情況下，
居民並不會把「島嶼幣」當成貨幣來使用。

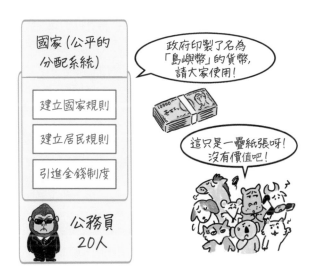

如果有人忽然給你幾張紙，上面印著「島嶼幣」，
告訴你說：「這張紙是有價值的。」
你應該會懷疑：「這只是一張紙，哪有什麼價值啊？」

也就是說，政府光是在紙張印上漂亮的「一萬元」，並不
能代表它就是貨幣。

政府究竟要怎麼做，
居民才會認同「島嶼幣」是「有價值的」，
並把它當成貨幣使用呢？

我們會在第2章說明這件事情。

「由誰負責這項工作？」「如何分配資源？」

我想請問大家：人類和猴子之間有何差異？

每個人或許會有不同的答案，包括：外觀、智能、體能……但最大的差異應該是「語言」。

人類能夠使用雙腳支撐身體、起身步行，使得喉嚨的結構發生了變化，讓我們能夠發出五花八門的聲音。

接著，人類又運用不同的聲音，打造出不同意義的單字。

結合這些「有意義的單字」之後，我們就能夠運用「語言」一次傳達大量資訊，溝通能力因此大幅提升。

透過使用「語言」，人類能夠比其他動物更有效率地分配工作，例如：打獵、建造房屋、務農、養育孩子等。

當然，其他動物群體也會分配工作，但分配的原則是根據各自的基因設定。例如：獅子是由母獅負責狩獵，母獅會成群結隊尋找獵物；蜜蜂和螞蟻等昆蟲則是透過劃分女王蜂、工蟻等不同角色，來組成小型的社會。

然而，沒有任何動物像人類一樣，能夠如此靈活地分配工作。

人類不是用基因決定各自的分工，而是使用語言、根據當下的情況來「分配」工作，例如：「你去拿大家要喝的水、我來負責打獵。」

舉例來說，假設現在有兩個團體：10隻猴子和10個人，兩者都「需要飲水和食物」。這時候，猴子即使知道

大家都需要水和食物，卻會因為沒有「語言」，而只能各自出發尋找；然而，人類卻會分配工作，指定說：「你們五個人去收集十個人的飲水，我們五個人去找十個人要吃的食物。」

接下來，人類還會使用語言，將自己過去得到的經驗和智慧都告訴孩子，例如：如何使用刀子、栽培地瓜、製作衣服等，因此下一個世代的工作分配會更有效率。

人類就是這樣使用語言的力量，不斷細分工作和角色，逐步提升生活效率，漸漸形成了「結構極其複雜的社會」，這是其他動物社會無可比擬的。

但我們最終會面臨一項大問題。

那就是，**該由誰來決定合適的「工作分配」和「資源分配」呢？又該如何分配呢？**

螞蟻並不會煩惱「該由誰來擔任兵蟻？」或者「該如何分配花蜜？」因為這些資訊已經寫在牠們的基因裡。但是人類必須要經過討論，才能確定工作和資源的分配。有些工作很輕鬆、有些很辛苦，有些很安全、有些很危險，我們應該如何分配呢？

假設現在有一批收成的地瓜，要分配給社會中許多不同的人，包括：種地瓜的農夫、取水的人、看守者、裁縫、生火的人、蓋房子的人、捕魚的人、顧孩子的人，如果全部都要一一討論，實在太累人了。

況且，負責種地瓜的人可能會說：「地瓜是我種的，所以我應該獲得大家的兩倍量。」此時其他人肯定會抗

議：「那我也要種地瓜！」。

若是有人提出：「地瓜應該平均分配給所有人。」肯定又會有人反對：「我抓的魚比其他人都多，不應該和其他人拿相同數量的地瓜。」每個人對於該如何分配，都有一套自己的看法。

而且就算大家討論出分配方法，經過一段時間之後還可能發生了記憶上的差異。比如雙方已經決定「現在請給我米，我會在冬天給你魚作為交換」，結果到了冬天其中一方卻說「那時候我明明已經給了你5條魚！」又或是，「我不需要魚，但我希望你在夏天的時候來幫忙農務」，結果到了夏天卻沒有兌現承諾。

假使一座一萬人、十萬人甚至一百萬人居住的都市，用上述方式分配資源和工作，根本不可能所有人都記得約定並且去執行。

這麼複雜的分配問題，應該如何處理？**首先，分配資源簡單的方式就是由領導者決定，或者是由各種工作的主要負責人決定。**

在現代，有些以村落為單位的部落民族，就是採用這種決定方式。

但這個方法要有效運作，前提是領導者必須掌握所有居民的資訊。因此，當社會規模成長到一定程度，我們就很難透過口頭討論來決定事情。

我的故鄉福島市人口約30萬人，那裡不可能由市長或者市民來決定「工作分配」、「資源分配」，若是市長蠻

橫地強迫大家工作，甚至可能會發生暴力事件。

　　因此，人類在思考以上問題過後，發明出「金錢」和「國家」。有了金錢和國家以後，人類社會就能順利執行分工。

人類發明的方便工具「金錢」

　　一般認為，「金錢」（即貨幣）有三項功能：①價值衡量、②價值儲存、③交換媒介。

　　在過去「金錢」尚未誕生的時代，漁夫可能會遇到以下問題：「我最近捕不到魚。可以請農夫先給我一些米，等我捕到魚再把魚還給農夫嗎？」

　　但現在，我們不必再討論「該如何分配資源」，因為只要工作勤奮，我們就能獲得金錢，而且能在想要使用的時候拿來使用。漁夫擁有金錢後，也會改變想法，他會想：「我要存錢來買米？還是協助農夫務農來買米？還是跟別人借錢來買米呢？」**金錢就是為了「方便人類分配資源」而發明的概念。**

　　同時，由於擁有「金錢」，人類就能（在某種程度上）自動化「工作分配」。如果有大家都不想做的工作（困難、骯髒、危險的工作等），只要把薪資提高到會有人願意做，問題就解決了。

　　舉例來說，捕撈鮪魚據說非常艱辛又危險，一旦出海

可能一年都無法回到陸地上，如果完全沒有人去做，鮪魚價格就會越來越高，最後肯定有人會為了賺錢而去捕撈鮪魚。

從這點來看，金錢讓人類生活變得更方便了。但是，金錢並非原先就存在自然界中的東西，而是人類打造出來的概念，所以它其實有許多缺陷。

例如，如果不管制金錢，金錢就會過度集中在一部分的人身上。

另外，像是「打造堤防」、「清掃道路」、「幫助受災之人」這些「賺不到許多錢，但是必須要有人做」的工作，通常不會有人想去做。而且，金錢還會催生出許多明明對人類沒幫助，卻能夠不斷賺大錢的奇怪工作。

人類發明了「國家」，讓社會得以運作

為了解決上述的問題，人類建立了「國家」。

「國家」會制定社會的運作規範，讓「工作分配」以及「資源分配」能夠順暢運作。

在漫長的人類歷史中，我們曾經為了如何適當地「分配工作」以及「分配資源」，實驗過各種不同形式的國家系統。我們經歷了君主制（由國王獨自掌控權力），以及社會主義（由國家平等地分配並決定工作）等不同制度。

目前，**包含日本在內的大多數國家，是採行「民主法**

治國家」這套系統。

所謂「民主法治國家」，簡單來說就是「在遵守『絕對規則（憲法）』的範圍內，由民選代表者討論並決定事務」的系統。

君主制則是「將『某人』立為最偉大存在」的國家系統，如果國王無能，國家就會馬上發生問題。例如，如果國王說：「我不喜歡吃魚，只要有漁夫捕到魚，我就要罰他錢。」這樣一來，那個國家就再也沒有漁夫了。

「民主法治國家」為了避免發生這種事情，所以「將『規則』立為最偉大存在」，然後遵守規則來經營國家。

人類是非常容易犯錯的生物。比如德國納粹黨領袖希特勒曾經受到熱烈的支持，然而實際上歧視猶太人的毫無疑問是國民本身。

這就是為何我們要制定「絕對不可以改變的強硬規則（憲法）」，訂下國家的重大原則如：「不可以擅自奪取他人生命」、「不可對部分人士做出不當對待」、「不可歧視」等原則。

實際運作國家需要「公務員」

公務員是讓「國家」這套系統能夠「實際運作的人」。

公務員包含警察、教職人員、市公所職員等，這些工作都是為了管理國家而設立的。**此外，公務員也負責「應由國家進行管理的高度公共性事業」以及「雖然不**

賺錢但是非常重要的工作。例如：道路鋪設、下水道管理、自衛隊與防災相關工作等。

舉例來說，日本或許一百年才會發生一次海嘯，因此建造防波堤很難賺錢，若是讓市場自由分配這項工作，根本不會有人去做。但是建造防波堤非常重要，所以國家會為了保護國民生命，而執行這項工作。

在現實中的日本，有許多工作在職務名稱上並非公務員，但實質上幾乎和公務員沒有兩樣（我為了簡單易懂，將「100人島」上這類工作者統稱為「公務員」）。

比方說，日本的銀行職員雖然不是公務員，但是國家卻明定「依法令視為從事公務之員工」（《日本銀行法》第30條）。此外，日本綜合性自然科學研究機構「理化學研究所」中，進行基礎研究的職員（這些研究不一定能馬上賺錢，但肩負日本技術發展的重大任務），以及國立大學的教授，也都是「類公務員」。

為何國家要負責「不確定能否立即賺錢的基礎研究」呢？這是由於**國家雇用基礎研究人員，不斷研究新事物，雖然不知道是否能夠馬上賺錢，但是能夠提高開發出「新技術」的機率，來改善國民的生活條件，對於國家發展是好事**。

尤其日本的天然資源並不多，是一個靠著技術力量才能過優渥生活的國家，因此是否能夠成功發展科學技術，可是關乎國家生死的。

順帶一提，我在撰寫本書的時候，同時是東京大學博

士課程的研究生，和其他先進國家相比，日本給予研究生的待遇實在太糟糕了。我真心希望這樣的狀況能夠有所改善（請不要再刪減科學研究經費了。政府「只將預算分配給可能會有結果的研究」這種行為，根本就和「我只買會中獎的那張樂透」一樣……）。

人類建立了「國家」，又發明了「金錢」，讓工作及資源分配都更有效率，也成功讓好幾萬人團結在一起。

智人（人類）作為單一個體可能相當弱小，但是幾萬甚至幾億名人類靠著使用語言來傳承經驗，形成「規模巨大的群體」，更有效率地存活了下來，並在生存競爭中勝過猩猩和獅子。

由此可知，「國家」和「金錢」是讓人類更加強悍的發明。

不過話說回來，「讓金錢在社會上流通」這件事，實際上該如何運作呢？

我可以自己做一張紙，寫上「新日圓」然後交給你。

你不會同意那張紙有任何價值吧？

但在現實中的日本，大家都認為「寫著一萬日圓的那張紙」是有價值的。

要如何做才能讓大家認定「紙鈔具有價值」，然後讓它在國內流通呢？

接下來的章節，我就要向大家說明這件事情。

CHAPTER

2

國家與金錢

NATION & MONEY

貨幣為何有價值？

「金錢」必須具有以下三項特質：

・能夠表達商品或服務的價值。

・能夠儲存價值。

・方便攜帶，且能夠用來交換商品或服務。

因此，一項商品若想要作為「金錢」使用，必須符合三項條件：

①大家都認同此商品具有價值。

（舉例來說，大家都不認為「垃圾」具有價值，所以它無法作為金錢使用）

②此商品的價值不會快速消失。

（魚類、肉類會快速腐壞，因此不能當成金錢使用）

③此商品可以分割成更小的單位。

（大型機器人拆成小零件就失去意義，沒辦法用來交換地瓜，因此不能當成金錢）

那麼，什麼東西能夠當成「金錢」使用呢？

比方說：黃金就很常被當作金錢。

所有人都同意「黃金」是閃閃發光、很漂亮的金屬，可以用來製作首飾，或作為工業產品的材料，具備著讓島

上居民「想要擁有它」的力量。

因此，當你想要一顆蘋果或智慧型手機時，只要將黃金交給對方，對方就能夠根據黃金的重量，提供相對應價值的蘋果或者智慧型手機。世界上並不只有黃金具有這種特質，像是鹽巴、布料、其他金屬等，**能讓人認同其價值，且可以分割成較小單位、便於攜帶、容易保存的東西，都能夠當成「金錢」。**

像這種「商品本身」就具有價值的「金錢」，在發生戰爭或者革命時，可能會比政府發行的紙鈔具有更高的價值。

◎「商品本身」即具備價值、能夠作為金錢的商品，稱為「商品貨幣」。
◎鹽巴是人類生存必需的商品，而且方便攜帶，也易於保存，因此可以作為商品貨幣使用。據說羅馬帝國的薪水就是發放鹽巴。

但是黃金、鹽巴或布料這類商品貨幣，雖然具備價值，使用起來還是不太方便。
比方說：購買蘋果或者智慧型手機時，需要攜帶大量鹽巴，或者需要秤重黃金等，相當麻煩。

為此，100人島的政府打造了名為「島嶼幣」的紙幣。

紙幣容易保存、便於攜帶，於是政府在紙張上印了「島嶼幣」，然後在上面蓋章證明這是政府發行的。接著，就將「島嶼幣」發給島嶼居民。

然而，有位居民質疑：
「這張紙哪裡具有價值？我不接受用紙幣來交換我生產的商品。」
確實，「島嶼幣」此刻還只是普通的紙張。
由於並非所有人都認同「島嶼幣」的價值，因此它還不是「可以交換任何東西的兌換券」。
那麼，政府應該要怎麼做，才能讓大家都覺得「島嶼幣」具有價值呢？

為此，政府制定了以下規則：
「居民必須每年支付政府一萬元作為『稅金』，如果沒有繳交，公務員就會逮捕這些人，沒收他們的財產，並且將他們關進監牢裡。」
接下來會發生什麼事呢？
島上的居民如果「不想被逮捕」，每年就要支付一萬元，他們心裡會想：我得要獲得「島嶼幣」才行，因此認為「島嶼幣」是具有價值的東西。

當這座島上建立了「稅收」這項制度，居民們就會開始「想要」拿到「島嶼幣」了。

此時，居民並不是單純認為「島嶼幣」這張紙具有價值，而是相信「政府有逮捕居民的力量」、「政府今後不會取消這項制度」這種「政府會強悍行使權力及武力」的信念。

政府透過稅賦，賦予「金錢」價值（貨幣國家論）

如果不支付稅金，我會逮捕你！

我不想被關進牢房啊！

我得拿到「島嶼幣」才行！

稅金

政府

一張普通的紙，因此擁有了「金錢」（即貨幣）的價值

◎「國家透過稅收，賦予金錢價值」的論點，稱為「貨幣國家論」（Chartalism，日文則稱為「租稅貨幣論」或「国定信用貨幣論」等）。

◎近代國家是建立在「對暴力的壟斷」上。以日本為例，就是指「警察」和「自衛隊」可以合法行使暴力。正因為國家擁有「合法使用暴力」的權力，所以可以強行逮捕犯罪者、逃稅者（此論點出自Max Weber《政治作為一種志業》一書）。

以下是另一個「讓紙張變得具有價值」的範例。

某天，漁夫白熊拜託農夫貓熊：「你現在能給我一顆蘋果嗎？等我捕到魚之後，我會給你兩條魚」

農夫貓熊說：「好啊。」並給了白熊一顆蘋果。

此時，白熊欠貓熊兩條魚。

接著，白熊為了避免之後忘記這個約定，

便在紙張上寫下：

「兌換券：等我捕到魚後，請拿著這張借據來，我會給你兩條魚。」

然後把這張紙交給貓熊。

過了一陣子，農夫貓熊很想要鴨肉。

於是他去拜訪獵人狼，跟狼說「可以給我一點鴨肉嗎？」

狼則告訴他：「如果你能拿魚來交換，我就給你鴨肉。」

此時，貓熊手上並沒有魚，所以他問：

「能用這張借據和你交換鴨肉嗎？你把這張紙交給漁夫白熊先生，他就會給你兩條魚。」

獵人狼因為信任漁夫白熊，所以他說：「沒問題，這張借據確實價值兩條魚。」便拿鴨肉交換那張借據。

大家會持續交換商品，直到有人把借據拿去和白熊兌換兩條魚

狼原本想吃魚，但他忽然很想要一件T恤。所以他去服裝店山羊那裡，和貓熊一樣進行交涉，成功用借據換到了一件T恤。

接著，山羊又把借據交給了咖啡廳的兔子，換了一塊蛋糕。

如此一來，白熊的借據在直到某人**實際拿去兌換兩條魚之前**，都被當成「具有兩條魚價值」的金錢來使用。

而白熊的借據之所以能夠作為「金錢」來使用，是因為

貓熊、狼、山羊和兔子都相信「白熊是個遵守約定的人，只要拿這張借據去，他一定會給我兩條魚。」

◎這種借據型的金錢，稱為「信用貨幣」或是「債券」。

白熊的借據代表著「白熊欠貓熊（借據持有者）兩條魚」，換句話說，**借據就是「能向白熊換得兩條魚的兌換券」。**
這與小孩送給爸媽的「捶肩膀券」是一樣的，**捶肩膀券就是「能向孩子換取捶肩膀服務的兌換券」。**
如果將這套思考模式，套用到100人島的紙幣「島嶼幣」上，按照島嶼的規則「每年必須繳交一萬元給政府作為『稅金』，否則會遭到逮捕」，**「島嶼幣」就是「繳給政府，用來換取自由（不被逮捕）的兌換券」。**

也就是說，「島嶼幣」和捶肩膀券、白熊的借據一樣，都屬於「信用貨幣」。

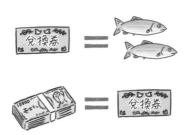

政府負責發行貨幣

那麼，要如何增加島上流通的金錢「島嶼幣」呢？
當然是由政府印刷。
政府每年都會發行新的「島嶼幣」，這些貨幣會作為「島嶼的營運費用」使用，在居民之間流通。

島嶼的營運費用包含：公務員的薪水、無法工作者的生活補貼、鋪設道路、建設學校和建築防波堤等費用。
那麼，政府要如何支付這些營運費用呢？
政府是否就像小學生收班費那樣，「將100位居民上繳的稅金，用作100人島的營運費用」呢？

事實上，並非如此。
因為若是「向居民收稅，再拿來運作島嶼事務」，那麼政府剛誕生的時候，根本收不到錢。
就算政府在第一年強硬地規定：「今後每年如果不支付一萬元『稅金』給政府，就會被逮捕。現在馬上交出一萬元！」也不可能有人付得出來。因為政府根本還沒有發「島嶼幣」給居民。

沒錯。政府必須先打造出貨幣，並使其在居民之間流

通，這樣居民才能支付稅金。

政府並不是從居民那裡拿到稅金之後，才用那些金錢來營運島嶼的。

實際情況是，政府會先「給公務員每個月20萬元」、「給因為生病而不能工作的人，每個月20萬元」、「給建造學校和防波堤的人200萬元」。

- **國家必須印刷並負責分發「島嶼幣」。**
- **有一部分的「島嶼幣」，未來會「被當成稅金回收」。**

這樣一來，「島嶼幣」就開始在整座島嶼上流通，居民的生活因此變得更方便了。

◎在現實中的日本，政府和發行貨幣的單位（日本央行）是分開的，而且因為國家還會發行「國債」，所以實際的運作結構會比前述說明更複雜（我會在第2章第4節補充說明）。但基本上，日本貨幣的發行原則和「100人島」相同。

總結來說，政府收取稅金並不是為了用來支付島嶼的營運費用。

那麼，稅金的用途到底是什麼呢？

稅金大致上有以下三項作用。

稅金的第一個用途，是「讓貨幣具有金錢價值」。

我在此重複第1節的重點，國家一旦宣布：「請把『島嶼

幣」作為稅金上繳。不繳交的話，我們會強制收取。視
情況還有可能直接逮捕不交稅的人。」

如此一來，所有居民就會想要拿到「島嶼幣」。

因為「島嶼幣」有作為「繳交給政府，以換取不被逮捕的
兌換券」之價值。

**稅金的第二個用途，則是「抑制國家不希望大家做的事
情、引導居民的行動」。**

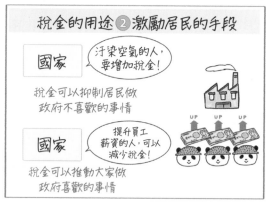

比如：排放二氧化碳、或者香菸這類商品，因為會破壞環境、對人體有害，所以政府會課徵很高的稅金；但政府對教育、社會發展、保護環境或對健康有益的事物，則不會課徵太高的稅金。

總結來說，政府課徵稅金能夠讓「島嶼幣」具有價值、縮小居民的貧富差距，還能夠鼓勵大家從事對島嶼比較好的行動、抑制不好的行為。

稅金的第三個用途，是「從富人身上收取較多的『島嶼幣』，維持社會平衡」。

如果收入失去平衡，某個職業拿到特別多「島嶼幣」，而貧窮的人則快餓死，這時，政府就可以向相對富有的職業收取較高的稅金，回收貨幣。反之，對於貧窮的居民則收取較少的稅金。

③ 以前的稅，現在的稅

前一節說明的「稅金」，屬於近代的稅金，徵收的是「國家發行的貨幣」。這一點和過去不太一樣，所以我接下來要補充說明。

◎接下來的說明內容並不完全按照歷史發展順序，這些例子只是為了讓大家更容易理解稅制的演變。

「過去的稅金」和「現代的稅金」不太一樣，政府以前是直接向大家徵收「商品貨幣」；
也就是強制徵收白米、布料、金銀等商品。

政府有時候還會強制徵收勞動力，例如「強迫勞工建造堤防」作為稅金。政府之所以能夠這麼做，是因為它「具備強制奪取商品、強迫人勞動的權力」。

為了更容易理解，
我們將這種力量稱為「逮捕的力量」吧。

過去的政府會對居民說：
「如果沒有繳交白米，我就會逮捕你。」

政府收走白米後，會將白米和金子等商品貨幣當成薪水發給公務員，又或者是拿去委託其他人工作。

後來政府發現：

「既然政府擁有這麼大的力量，那我應該利用這個力量來打造貨幣！」

於是政府發行了「島嶼幣」。

接著，國家又說：

「請居民用貨幣來支付稅金，否則就會遭到逮捕。」
這就是「現代的稅金」。

「過去的稅金」，
是直接徵收大量的白米（商品）當成稅金，然後用來作為
薪水支付給公務員，在管理上非常不便。
更重要的是，國家只能夠動用收集來的白米數量（商品貨幣），
預算將受到限制。

換作「現代的稅金」，
政府只要向大家收幾張紙幣就行了，很簡單。

在支付薪水時，政府也只要發行並支付貨幣即可，公務員可以用貨幣購買自己需要數量的白米。

貨幣是建立在政府「逮捕的力量」上。政府可以自由印製發行，不會付不出錢來。

◎我在此舉例說明「過去的稅金」。日本奈良時代有所謂的租、庸、調等稅制。「租」是指收成稻米後繳納一定比例的作物；「庸」是前往都城從事勞役工作（若是路途太遙遠，也可以繳納布料、白米或者鹽巴等商品取代勞役）；「調」則

是繳納布料或絹絲。

◎所謂「逮捕的力量」＝暴力。近代國家是建立在對暴力的壟斷之上。

「100人島」在開始採用現代稅金制度後，一直到建立起紙鈔「島嶼幣」的制度前，曾經發行過各種原創貨幣。

首先，政府曾經嘗試發行金幣。

金幣是用黃金打造成的貨幣，政府訂立了「不用金幣繳稅，就會遭到逮捕」的規定，使得黃金具備了貨幣價值。

但是，金幣同時具有兩種價值：

即「作為黃金本身的商品貨幣價值」以及「將黃金當成稅金交給國家，而不被逮捕的信用貨幣價值」，實在相當混亂。**更重要的是，政府受限於「只能用現有的黃金持有量」來發行金幣，因此只好放棄這種貨幣。**

接下來，政府又嘗試發行了金票。

金票是一種紙張貨幣，可以向政府兌換金條。但是金票與金幣一樣，同時具有兩種使用方式及價值：一是將金票當成稅金交給國家，就不會被逮捕的信用貨幣價值；以及「將金票交給國家，隨時都能夠換成金條的信用貨幣價值」。

這就像某張兌換券既是「捶肩膀券」，又是「拉麵免費券」。

金票同時擁有兩種使用方法並沒有問題，但它仍會受限於「國家持有的黃金數量」。

所以，**國家最後索性取消金票「可以交換金條」的條件，發展出了現代的貨幣「島嶼幣」。**

◎國家取消「貨幣可交換黃金」一事，在現實中被稱為「美元與黃金脫鉤」的尼克森衝擊（Nixon shock），也就是1971年美國尼克森總統宣布暫停以美元兌換黃金。

◎日幣100元硬幣由於是金屬，因此本身也具備價值。一萬元日幣嚴格來說也具有紙張本身的價值。但是目前日本的法律規定「若是破壞紙鈔、熔解硬幣的話將遭到逮捕」，這使得硬幣和紙鈔失去了本身商品貨幣的價值。

◎順帶一提，日幣一萬元的紙鈔成本大約是日幣20元，日幣一元硬幣則是由一公克的鋁所製成，而金屬鋁的交易價格一克大約是0.2～0.4日圓左右（2021年資料）。

增加貨幣供給的方式（政府發行國債）

在遠方的某個星球上，
有座島嶼和「100人島」十分相似。
那座島叫「日本島」。

日本島也引進了金錢制度，並且讓貨幣在市場上流通。
不過，日本島從某個時間點開始，把政府裡面「負責發行貨幣的印刷廠」獨立出來，將「政府」和「印刷廠」分成兩個單位。這兩個單位不在同一棟建築物裡，日本島就只有這點和100人島不同。大家可能會問：為什麼日本島要把兩者分開呢？原因眾說紛紜，不過我們在這裡假設：「如果不好好管理印刷人員，他們可能會偷偷把錢放到自己的口袋裡，因此日本島將管理者和印刷人員分開來。」
總之，日本島將兩個單位區分開來。
而日本島上能夠發行貨幣的，只有「貨幣印刷廠」。
此外，印刷廠不能反抗日本政府，不能隨自己的喜好決定發行貨幣。
最後，日本島的「居民規則」規定，居民共同決定政府才是母公司，印刷廠則是分公司。

◎在現實情況中，日本擁有一個獨立的中央銀行，和日本島相同。

◎大家可以把上述說明中的「政府」想像成「日本政府」；「貨幣印刷廠」想像成「日本中央銀行（＋國立印刷局＆造幣局）」。

◎日本中央銀行實際上是政府的子公司（根據《日本銀行法》，日本政府持有日本央行 55% 的股票）。

那麼，既然日本島上的「政府」和「貨幣印刷廠」是分開的，政府要如何發行「島嶼幣」呢？

首先，政府會請居民用 100 萬元，買下「未來能夠和政府交換 105 萬元」的票券（即國家債券）。

之後，政府會把從居民身上收到的 100 萬元，用來發放薪水給公務員、支付水壩和公園的建設費用、給付年金與醫療費以及育兒補助等。

另一方面，貨幣印刷廠會在一段時間後，印製並發行 100 萬元，以 100 萬元向居民收購「未來能夠交換 105 萬元」的票券（國債）。

這樣一來，政府就增加了社會中流通的貨幣。

接下來會發生什麼事呢？

由於貨幣印刷廠發行了100萬元，

購買了政府「未來能夠交換105萬元」的票券（國債），因此，現在**政府還欠貨幣印刷廠105萬元**。

但是，

印刷廠其實隨時都能發行貨幣，

因此並不一定需要政府歸還105萬元。

政府100年後才還錢也沒關係，甚至不還錢也不要緊。

也就是說，「未來能夠向政府交換105萬元」的票券（國債），乍看之下是「政府的借款（欠債）」或者說是「國家赤字」，但只要國債持有者是貨幣印刷廠，政府就根本不必還錢。

這是由於**政府和貨幣印刷廠兩者共同構成了「國家」。**

日本島發行國債，就等於「增加了島上流通的貨幣」。

◎前頁的示意圖經過簡化。央行實際上在收購國債時，更為複雜一些，必須訂定附買回協議，並提列存款準備金等。

◎目前日本央行大約持有500兆日圓的國債。也就是說，目前為止日本「發行了500兆日圓的貨幣到市場上流通」。

① 政府發行國債，由居民購買

② 支付薪水、公共事務費用給居民

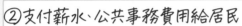

③ 印刷廠發行貨幣，購買國債

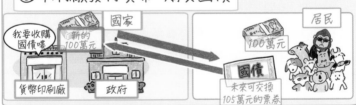

④ 居民擁有的貨幣增加了

國債的償還期限有三年或五年等，然而持有國債的日本央行於到期時，會拿新的國債去換舊的國債，進行「再融資」手續，不斷延長償還期限。

因此，日本央行持有的國債，實際上並沒有歸還期限。或許會有人覺得「何必這樣麻煩，一開始就讓日本央行直接給政府錢不就得了嗎？」實際上也的確有一部分經濟學者主張「根本不需要發行國債，只要發行貨幣就好了」。不過目前名義上仍是認為「必須發行國債以彌補政府稅收不足」。

某一年，日本島政府經營島嶼的營運費用是250萬元。因此，政府發行了100萬元的國債，然後向國民徵收150萬元的稅金。

- **政府的支出＝島嶼的營運費用250萬元**
- **政府的收入＝以國債取得的100萬元＋稅金150萬元**

接著，政府透過支付公共事業費用，給了居民250萬元。又過了一陣子，貨幣印刷廠發行了100萬元的金錢，並且以100萬元向居民購買國債。

因此，居民的錢包最後擁有：

- 居民的支出
  ＝支付稅金150萬元＋花費100萬元向政府購買國債
  ＝250萬元

- 居民的收入
  ＝從政府處收到250萬元＋將國債賣給貨幣印刷廠獲
  得100萬元
  ＝350萬元

因此，居民擁有的錢增加了100萬元。

也就是說，國家（政府＋貨幣印刷廠）發行了100萬元並且
分發給居民。

從結論上來看，國家直接發行貨幣給居民，
跟發行國債來增加居民擁有的貨幣，是一模一樣的事
情。

日本島的話題就先到此為止。
接下來，讓我們回到100人島吧！

⑤ 何謂私人財產？

金錢並非在任何情況下都能發揮用處。
國家必須先存在，我們才能用金錢購買商品。

在100人島上，
居民老虎非常有錢，擁有許多寶石和房子。

有錢人老虎總是說：
「我是最有錢的，所以是這座島上最強的。」
他相當囂張。

但貓咪們告訴老虎：
「你才不是島上最強的！」

「那誰才是最強的呢？」

**「最強的是國家。你能夠擁有財產，是因為國家的法律
允許你擁有。」**

老虎笑了。

「就算國家不存在了，我還有100顆寶石和1億元，所以沒關係。」

但是某天，100人島發生了革命，國家消失了。
貓咪們攻擊老虎家，搶走所有寶石。

老虎慌張吼著：
「這些房子和寶石都是我的！這是我的權利證明書！我要叫警察！我要告你們！」

貓咪們說：
「國家已經消失了，法律也就消失了。這座島上已經沒有公務員，你的證書只是一張廢紙。」

「別開玩笑了！喂，保鑣！我出100萬元！幫我把房子和寶石搶回來！」

保鑣回答他：
「國家已經消失，我不用繳稅了。100萬元只是一疊毫無價值的紙片。我還挺擅長打架的，我應該去搶寶石比較划算！喂！把寶石給我！」

於是老虎失去了一切。

也就是說，所謂有錢，

其實是「國家允許你有錢」罷了。

個人之所以能擁有財產，是因為國家制定了法律來保障權利。

如果老虎是天才建築家、或是受到員工喜愛且手腕高明的老闆，

那麼即使原先所在的國家消亡了，老虎依然能在新的國家馬上賺到錢。

因為老虎的專業能力與人際關係，並不會因為國家滅亡而消失。

相反地，如果老虎沒有任何才能，

那麼他到新的國家是不可能變成有錢人的。

◎有錢人因為法律或國家發生變革，而不再有錢的案例，包含法國大革命以及日本戰後的農地改革、財閥解體等。

◎「財產」這項概念是人類社會創造出來並且認同的規則。如果你眼前有一顆鑽石，那顆鑽石和你之間實際上並沒有任何科學上的聯繫。你不可能靠著上帝神奇的力量在鑽石上刻你的名字，聲稱你擁有鑽石。

◎國家是建立在「對暴力的壟斷」之上，藉此維持社會秩序，也就是維持「居民擁有寶石作為財產」的秩序。國家一旦消失，大家就會回到弱肉強食的暴力世界。

當國家正常運作時...

貓咪

黑猩猩公務員

允許持有財產

以法律來保護權利

有錢人老虎

當國家不存在時...

我說是我的，就是我的！

那、那是我的財產！

這只是紙張，我才不要！

6 增加貨幣供給的方式 （民間銀行進行貨幣擴張）

100人島上流通的「島嶼幣」越來越多，每一位居民都持有許多「島嶼幣」之後，發生了新的問題。
大家開始擔心「把錢放在家裡可能被偷走」、「如果把錢弄丟就糟了」。

因此，
有居民提議：
「大家要不要把錢都放在我這裡保管呢？」

他是銀行員斑馬。
於是，斑馬在獲得政府許可之後，開始從事銀行的工作。**斑馬有相當堅固的金庫，居民把錢交給他之後，他會寫一份備忘錄：「某某人借放了○○元在此。」並將錢放進金庫裡嚴格保管。**
這份備忘錄稱為「存摺」。居民拿到存摺後，因為有人幫忙保管錢而稍微安心一些了。

更棒的是，好處不只是有人幫忙保管金錢；
有了銀行之後，居民只要用「自己的存摺」和「對方的存摺」就能輕鬆地進行交易，

不像以前買賣較昂貴的東西時，必須拿一大疊紙鈔去交給店家。

舉例來說，當長頸鹿要支付100萬元給大象時，長頸鹿只要告訴銀行員斑馬說：「請幫我支付100萬元給大象。」斑馬就會把長頸鹿存摺上的「100萬元」畫兩條線刪掉，然後在大象的帳本加上「100萬元」就完成了。
這個動作稱為「匯款」。

銀行員斑馬用一枝筆就能處理交易，讓大家再也不需要攜帶大量金錢。

居民習慣這種交易方式後，又發生了相當神奇的事情。

假設100位居民每個人都存一萬元到銀行裡，
銀行金庫裡就有100萬元。

此時，商人長頸鹿前來拜託斑馬銀行說：「我想到了一筆好生意，想跟你借200萬元。」
斑馬銀行表示「沒問題」，然後寫了一張借據給長頸鹿：借給長頸鹿200萬元，然後在長頸鹿的存摺寫上「201萬元（加上長頸鹿原先就放在銀行裡的1萬元）」。

存摺上擁有201萬元的長頸鹿，為了打造一間店面而支

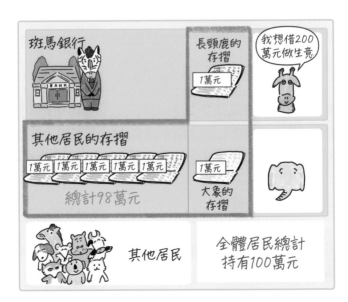

付200萬元給大象。

這個時候銀行就將長頸鹿存摺上的201萬刪掉，寫上1萬元，然後把大象的存摺修改為201萬元。

接著，大象又使用那200萬元去購買各種東西。

最後會產生什麼結果呢？

居民之間流通的貨幣會增加200萬元。

也就是說，銀行「憑空創造了200萬元」。

銀行即使沒有足夠的現金，但只要在存摺填上「○○○元」，就能夠增加島嶼上的金錢流通量。

居民們每當有「想做的事情」或者「想買的東西」時，就會向斑馬銀行借錢，接著銀行會在每個人的存摺填上「借款數字」，使得島嶼整體的金錢數量增加。

但銀行不能一直這樣借錢給居民。

如果銀行一直隨便借錢，島上的貨幣就會無限制地增加。

因此，國家會嚴格規範銀行，限制「放貸業務需要政府許可」、「放貸金額上限是○○○元」、「只能借錢給信用良好的居民」等。

政府制定以上嚴格的規定後，會再告訴銀行：「如果居民來銀行提領現金，但銀行現金不夠時，你只需要跟『貨幣印刷廠』說一聲，我們就會趕快發行貨幣來幫助你。」

以斑馬銀行為例，若是島上所有居民突然都來提領現金，銀行必須按照存摺總額支付300萬元，但金庫裡只有100萬元時，**政府就必須出手拯救斑馬的銀行了。**

◎銀行能夠透過借出金錢，來增加貨幣供給量，這稱為「貨幣擴張」（Money Creation）。

◎目前日本流通的現金（1萬日圓紙鈔）約為100兆～200兆日圓。而日本的存款金額（存摺上的數字）則合計超過1,000兆日圓。

◎日本商業銀行遇到「民眾大量提領現鈔」而現金不足的時候，日本中央銀行（即文中的「貨幣印刷廠」）就會開著運鈔車飛奔到那間銀行。

◎銀行可以借出超過金庫裡庫存現金的金額，但是一般融資公司卻不能。一般融資公司的貸款和銀行貸款是完全不同的。

國家

貨幣印刷廠

如果想經營銀行，就要遵守政府規定

銀行只能借錢給信用良好的居民

放貸金額有上限

如果銀行現金不夠，貨幣印刷廠一定會幫忙

不提供保護

提供保護

一般融資公司

銀行

我們遵守政府規定

我需要借錢～

借錢

只能借自己實際擁有數目的金錢

借錢

銀行可以透過簡單修改存摺上的數字，來借出金錢

居民

現在我們知道，要增加島嶼上流通的金錢有兩種方式：
一是由國家發行貨幣、二是由居民向銀行借錢。

相反地，要減少島上的金錢也有兩種方式：

一是國家以稅收名義將貨幣收回去，二是銀行要求居民把錢還給銀行。

舉例來說，如果國家總共發行100萬元在島上流通。居民再向銀行借了100萬元。

這樣一來，整座島上的貨幣總共就是200萬元。

此時，如果政府徵收50萬元稅金，那麼島上「國家發行的貨幣」就會減少50萬元，因此**「整座島上的貨幣總額」也從200萬元減少為150萬元。**

假如政府在公共事業上花費50萬元，那麼**「整座島上的貨幣總額」則會從200萬元增加成為250萬元。**

又或者，假如全體居民都把向銀行借的錢還回去，那麼銀行借出的100萬元就會變成0，因此**「整座島上的貨幣總額」就會從200萬元減少成為100萬元。**

相反地，如果居民一直向銀行借錢來開拓新事業，銀行借出的錢從100萬增加到1,000萬元，那麼**「整座島上的貨幣總額」就會從200萬增加為1,100萬元。**

希臘島破產

日本島雖然將「政府」和「貨幣印刷廠」分開獨立，但印刷廠依然位在國內，只要兩者維持好夥伴關係，政府就能自由發行貨幣來經營國家。

那麼，假如「貨幣印刷廠」位在國外，會發生什麼事呢？
接下來，我們來談談「EU多島」的故事。

「EU多島」由多座島嶼組成，
各座島嶼原先都有自己的政府和印刷廠（中央銀行），他們各自發行不同的貨幣（例如：馬克、德拉克馬、法朗等等）。

有一天，EU多島上的居民提議說：
「我們感情這麼好，大家要不要用同一種貨幣呢？」
其他島嶼都贊成說：「好啊。」
因此，EU多島創造了新的貨幣「E元」。

接著，島民特地到某座無人島上，
蓋了一座「印刷E元的工廠（E元中央銀行）」，開始發行貨
幣。

「EU多島」中有一座「希臘島」。
「希臘島」政府將自己的貨幣「德拉克馬」換成「E元」，
並且用過去的方式經營國家：
也就是他們透過徵收稅金和發行國債（未來能向希臘政府
換到105 E元的債券），
來籌集政府需要花的金錢。

結果發生了令他們有點困擾的事情。

希臘島過去發行國債時，
希臘的「德拉克馬印刷廠」會印刷「德拉克馬」幣，再向
居民買回國債。

但是，「E元印刷廠」竟然

不願意買回希臘居民持有的國債。

「E元印刷廠」認為，

「我不能夠特別照顧某座島，因為我是屬於EU多島所有人的。」

如此一來，沒有貨幣印刷廠（中央銀行）會收購希臘島政府發行的國債。

因此，EU多島的各政府，都只能用他們以稅金名義徵收來的「E元」經營國家。

大家「經營島嶼」的方式，都變得像是普通的民間公司了。

後來，EU多島的各國政府費了好大一番功夫，才用現金105 E元買回了自己發行的國債。

EU多島和「可以自己印刷貨幣」的日本島完全不同。

而EU多島的各政府當中，經營狀況最糟的就屬希臘島政府了。

希臘島政府沒辦法只靠稅金好好經營島嶼，他們甚至沒辦法支付國債（未來能換到105 E元的債券）。而且他們還打算隱瞞這件事。

居民知道了以後，變得更加不信任希臘島政府。

「希臘島政府未來是不是沒辦法把國債換成105E元現金還給我們呀？」
「如果真的發生這種情況，E元印刷廠似乎也不會幫忙希臘島。」

居民之間開始流傳這件事，於是就沒有人要買希臘島的國債了。

最後，希臘島政府只好說：
「先前發行的國債，我全部都不還錢了（即希臘島經濟崩潰）。」

島嶼一旦像希臘島失去「貨幣發行權」，就會變成和一般的公司（民間企業）一樣，必須要穩健經營，若是經營不順利，就會破產（經濟崩潰）。

希臘島如果不希望經濟崩潰，
就必須脫離E元，恢復使用自家島嶼的原始貨幣「德拉克馬」，
又或是E元印刷廠（中央銀行）必須去援救希臘才行。

◎所謂「希臘債務危機」，就是當政府使用外幣發行國債（以非由該國發行之貨幣打造的國債）而發生的經濟崩潰。2011年時，希臘政府債務合計總額為3,730億歐元。

◎順帶一提，在發生希臘債務危機之後，歐盟各國的國債發行量依然持續增加。

舉例來說，2021年法國政府債務合計約為2.8兆歐元，西班牙政府債務合計總額約為1.4兆歐元。這些國債最後會由歐洲中央銀行來印刷歐元買回，所以目前還沒有產生問題。若是將歐元區作為一個整體來看，其結構和日本政府＆日本中央銀行相當類似。

我們為何能夠「擁有財產」？

當你在山裡發現一顆閃閃發光的鑽石……

這顆鑽石應該屬於誰呢？大家可能會這樣想：「鑽石應該屬於擁有這座山林的人吧？」「不，應該是屬於找到的人吧？」「我們來查看看法律。」「還是去問行政單位吧。」事實上，這顆鑽石的所有權是由法律決定的。**因為國家是管理「財產所有權」的唯一機構。**

讓我們回到一萬年前，如果你手上的鑽石被某個人拿走了，你可以怎麼做呢？你可以主張「這是我的鑽石」，但對方或許會反駁「這是我的！」然後兩方僵持不下。如果你想把鑽石拿回來，就只能動用暴力了。又或者，你們可以請群體中最強悍的老大決定，他可能會說：「我決定，東西屬於一開始撿到的人。我絕對不允許有人破壞我的規則。」那麼，鑽石將可能回到你的手上。

也就是說，我們能夠「擁有」商品，是因為有人「制定規則」（維持秩序）。而規則要能夠好好運作，正是因為有暴力。說得更清楚一點，是因為**國家擁有「我絕不允許有人破壞規則」這套懲罰違反者的「毫無來由的暴力」。**

近代國家其實就擁有這種力量。如同社會學者馬克斯·韋伯所言：「國家的必要條件正是對暴力的壟斷。」近代國家其實就是利用「對暴力的獨占權」才得以成立的。國家具備警察和軍隊等強大權力，能夠制定法律，

規定「若破壞財產所有權的規定，就會遭到逮捕。」這讓我們能夠持有財產，過著有秩序的生活。**也就是說，我們之所以有錢，又或者貧窮，都是來自於國家的允許。**

什麼是「債券」？

貨幣大致上可以區分為「商品貨幣」和「信用貨幣」兩種。**「商品貨幣」就是白米、鹽巴、金屬這類可以讓人感受到價值，同時還可以搬運及保存的東西。另一方面，「信用貨幣」則是具有貨幣功能的「債券（債權）」。**

什麼是「債權」呢？為了讓大家理解，我們要先來說明什麼是「債務」。

經濟學中的「債務」是指「必須做某件事的義務」，相當於英文的Debt。舉例來說，「白熊有必須交付魚的義務」，這項義務就稱為「債務」，而白熊就是「債務人」。而「有權利向白熊追討魚的人」就是「債權人」。債權人有權利要求對方履行債務。債務與債權，是相對應的。

所謂「債券」，就是「化為文件的債權」，也就是「證明持有人是『債權人』」的一種票券。

以下整理說明：

- **債務**：「債務人」有義務交付「資產」給「債權人」。
- **債券**：證明持有者有權利追討資產的票券。債權人收到資產後，債權就會消滅。

- **資產：可以是金錢，也可以是商品或服務。**

　為什麼資產包含「服務」呢？

　舉例來說，擁有「剪頭髮能力」的人如果一輩子都當美髮師，他將能夠剪髮一萬次，我們雖然看不到這項服務，但美髮師仍然具備了「剪頭髮一萬次」這項無形資產。若將「剪髮一次免費券（債券）」交給某個人，美髮師就會背負「收下免費券即有義務要剪頭髮」的債務。

　任何人都可以創造「債務與債權」。假設長頸鹿想要買房子，因此向大象借了 1,000 萬元，預定 11 年內歸還。11 年後，長頸鹿必須連同利息支付 1,100 萬元給大象。

　長頸鹿拿了一張債券，拜託大象說：「請用現金 1,000 萬元跟我交換這張債券吧」，而大象認為「長頸鹿應該能支付這筆債務吧」，所以收下了那張債券。

　此時，長頸鹿和大象就創造了：

- **債務：11 年後，長頸鹿有義務支付 1,100 萬元給債券持有者。**
- **債券：證明債權持有者可以拿到 1,100 萬元的票券。債權人收到 1,100 萬元後，債權會自動消滅。**

　大象拿到債券以後就成為債權人，而債務人長頸鹿用他拿到的現金 1,000 萬元向建設公司買了房子。在現實世界中，這個流程就是房屋貸款，而大象代表著銀行、消費者金融中心，或者證券公司，這些地方都是在從事借貸。

　我們平常一聽到「背負債務」，會覺得聽起來非常辛

苦，必須像房屋貸款那樣「要花費好幾十年才能還完」。但事實上，債務只是相對於債權而生的義務，並不一定是「非常辛苦的東西」。

比方說，美髮師如果發給大家「剪髮一次免費券」，那麼他就創造了：

- **債務：美髮師有義務幫持有債券者剪一次頭髮。**
- **債券：證明持有者可以免費剪一次頭髮的票券。美髮師剪完頭髮，債權就會消滅。**

這項債務看來並不是「非常辛苦」，對吧。只要美髮師沒有生病或者受傷，債權人就幾乎不用擔心「剪髮一次免費券」會違約（不履行債務）吧。

「剪髮一次免費券」也具備了貨幣的交易功能。例如，你向朋友提議：「我用這張『剪髮一次免費券』跟你交換那本漫畫好嗎？」交易是有可能成立的。

像這樣能夠作為貨幣使用的債券，就稱為「信用貨幣」。只要債券人具備「償還債務的能力」，債券就能維持其價值。

日幣是「國家的債務」

國家擁有「對暴力的獨占壟斷權」，這聽起來有些可怕，但卻是事實。

國家可以利用對暴力的獨占力量，從國民身上強制奪

取「食物、勞動力、商品」。舉例來說，有些國家曾在戰爭時期發布「金屬回收令」，國民如果拒絕，國家就會行使暴力（逮捕），因此國民只能服從命令。

在日本，歷史課程中說明古代是實行「租、庸、調、雜徭」的稅制，也就是國家為了營運，會從國民那裡強制回收白米、布料等商品，以及強迫從事土木工程和兵役等勞動。這種能力和前面所說的「美髮師的剪髮能力」一樣，都是無形資產。因此，我們可以說國家具備了「對國民行使暴力（逮捕、沒收財產等）的能力」這項無形資產。

而國家發行的「日幣」，可以這樣解釋：

- **國家債務：國家有義務提供自由（不被逮捕的權利）給納稅義務人。**
- **日幣（一種債券）：證明納稅人能夠獲得自由（不被逮捕）的票券。納稅人繳納稅金、獲得「自由」之後，債務就會消滅。**

也就是說，國家在發行日幣（債券）的時候，同時也在「增加國家債務」。日本政府的債務雖然增加了，但並不是「非常辛苦的事情」。

國家具備「對國民行使暴力（逮捕、沒收財產等）的能力」，也因此「有義務提供自由（不被逮捕）給納稅者」。如果國家無法兌現這項債務，那可能是因為國家發生了革命等情況，而失去了「對暴力的獨占權」。

這就像是具備「剪髮能力」的美髮師，有義務在「收下

剪髮免費券後，必須要剪頭髮」。如果美髮師無法兌現票券，那可能是因為他受傷或者生病而失去「剪頭髮的能力」，也就是他不能再當美髮師了。

國家滅亡導致貨幣失去價值的範例，是索馬利亞。索馬利亞的貨幣「索馬利亞先令」在1990年代內戰時期，曾經有一段時間因為無政府狀態而幾乎完全失去價值。但是到了2000年代後半，索馬利亞的新政府誕生以後，又慢慢恢復了價值。可見貨幣是否能夠持續保有價值，端看政府是否穩定。

金本位：具備兩種價值的信用貨幣

過去全世界都採用「金本位」制度，也就是國家保管著「與發行貨幣量相同額度的黃金」，貨幣持有人隨時都能夠將貨幣兌換成黃金。

日本在1931年宣告取消金本位。此前的日幣作為信用貨幣（債券），同時具備了「能夠用來繳稅」以及「能夠交換黃金」兩種使用方式（償還手段），對應著「收到稅金就不得逮捕對方的義務」和「如果持有者要求兌換黃金就必須拿出黃金的義務」這兩種「債權」。這確保了日幣的價值。

但是，這就像有一張特惠券，同時是「剪髮一次免費券」，也是「拉麵一碗免費券」。即使使用方式只有一

種，貨幣也依然具備其價值，因此「能夠交換黃金」這個特質，最後便被取消了。

國家的赤字＝民間的黑字

大家常看到新聞說「日本借款達〇〇兆日圓」。

這裡所謂的借款，就是「債務」。目前日本的財務狀況，看起來債務確實是相當高（不管是只計算日本政府的債務，還是連同日本中央銀行的合計數字）。

我們在前面說明了，日本一旦發行日幣，債務就會增加。日本央行的官方網頁上面也寫著「發行鈔票……（省略）……目前計算為負債」。日本央行只要印製100張一萬日圓紙鈔，就會自動將這100萬日圓記錄為「債務」。

簡單來說，**國家的債務量，其實就代表著「貨幣累計發行量」。**

當國家記錄下「100萬元」的債務時，「100萬元」的紙鈔就會同步供給到市場上，表示有人拿到了「100萬元」的現金。

因此，所謂「國家的赤字（債務）」，就是「民間的黑字」。國家使用本國貨幣發行的債務，無論增加多少，都不會發生「違約」的情況，增加債務並沒有壞處。我們甚至可以說，國家債務若不增加，民間的黑字也就無法增加。

有人可能會因為經常聽到報導說「日本政府借款達〇〇兆日圓」，因此誤解「國家的赤字（債務）增加很糟糕」。然而，政府的債務其實是「提供自由（不被逮捕）給納稅者的義務」，所以增加多少都沒關係。

同理，美髮師把「剪頭髮一萬元折價券」發給大家，就是把「收到折價券就必須剪頭髮的義務」變成債務。雖然美髮師的債務增加了，但只要他還有能力剪髮，他就能夠兌現這個義務。

以下圖表將2001年各家的債務數字定為基數「1」，來表示各年度的債務量變化。**事實上，全世界政府的債務（貨幣發行量）都是逐年增加的。**

世界各國政府的債務變化

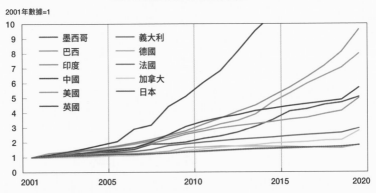

引用：IMF-World Economic Outlook Database，參照「General government gross debt」

中央銀行的獨立性

大家都知道「發行貨幣」會增加債務。那麼「發行國債」呢？

在日本，我們將政府和日本央行區分為兩個單位。**政府負責發行「國債」，日本央行則會根據需求，透過金融市場收購「國債」**。過去，大部分人都認為「中央銀行應該獨立判斷金融政策」，這也是主流的做法。然而，最近有人提出「政府或許不應該讓中央銀行獨立決策？」「政府和中央銀行其實都是代表日本呀！」姑且先不論央行是否應該獨立，我們很肯定的是「日本央行實際上是政府的子公司，它們可以視為『聯合政府』」（《日本銀行法》規定，日本央行的業務由政府管理，且政府必須持有55%的日本央行股份）。

在「中央銀行具獨立性」的原則下，日本央行的總裁確實可以強硬地表示「我絕對不再收購國債！」但這麼做對任何人都沒有益處，只會破壞貨幣系統、讓日本變得一片狼藉罷了。日本央行如果沒有打算要毀滅日本，那麼就應該持續支援政府。

大家或許會問：「為什麼日本央行不直接向政府收購國債呢？」這是因為《日本財政法》第5條禁止這麼做。如果沒有第5條的規定，日本央行確實能這麼做；不過，已經制定好的法律，目前很難改變。因此，中央銀行仍然採取「透過金融市場，間接支援政府財政」的做法。

而日本央行持有的國債，政府也不一定需要全額償還。

國家透過「稅金」制度，讓「日圓」擁有價值，但是負責印刷「日圓」的日本央行，並不會要求日本政府「一定要償還500兆日圓的債務」。

順帶一提，國債雖然有「支付期限」，但是日本央行每到期限接近的時候，就會進行「再融資」來不斷延長期限。

由於這樣的操作，2010年發生希臘危機（希臘宣告破產）時，也有人將日本國債發行量增加視為重大問題。但是希臘會發生經濟崩潰，起因是希臘「加入歐盟」，放棄了本國貨幣發行權。而歐洲中央銀行又不太願意購買希臘的「歐元國債」。結果造成希臘被迫採取過度緊縮的政策（政府盡可能壓低支出），導致希臘最後只能違約宣告破產。

國債和現金，究竟有何差別？

政府發行國債的時間點，其實就是「政府發行貨幣」的時間點。

簡單來說，以100萬元賣出的國債，就是一張「未來政府會給予101萬元（包含1%利息的加上本金1萬元）」的票券。

先前已經說明，日本央行一定會支援政府，因此債權

人不需要擔心「本國國債」會發生違約。也就是說，國債是「只要國家存在，未來政府就絕對會支付101萬元的債券」。

你可能會有個疑問：「未來政府會支付101萬元的債券」和「現金100萬元」究竟有何不同呢？

這張債券扣除掉利息，不就等於100萬元嗎？

當然，從細節來看，債券和現金在「使用便利性」和「是否容易分割成小單位」上有差異，但是從本質來看，所謂國債，的確只要扣除利息就幾乎等同現金。政府發行「100萬元的國債」，並且將「100萬元的國債」交給國民以後，就會從國民那裡收到「現金100萬元」，接著再用這筆錢造橋鋪路等，支付款項以後，這些錢又會回到國民身上。

所以，從日本整體來看，國民的資產會從「100萬元」變成「100萬元＋國債100萬元」。

由於發行國債，「國民總資產」就增加了100萬元。日本央行收購了國民持有的國債後，就等於是把「等值100萬元的國債」換成了「現金100萬元」，「國民總資產」並沒有變化。

國債和日幣現金最大的不同，就只有利息。但是，能夠拿到利息的也只有手邊有錢買得起國債的富裕人士，因此有經濟學者主張「應該廢除國債」。這些經濟學者認為，政府發行的國債不需要特別透過日本央行發行貨幣來收購，而是一開始政府就以制定預算的方式，直接讓

日本央行發行所需數量的貨幣，來支付政府預算即可。但是，廢除國債也有風險，比方說「民間銀行的少了國債利息收入後，可能會為了確保利益，轉而投資高風險事業」，因此也有人認為「不需要廢除國債，只要降低國債的利息就好」。這件事情目前仍在討論中。

稅金不是國家的主要財源

過去，在國家仍是直接徵收「黃金、白銀、白米、勞動力」作為稅金的時代，稅收的確是國家的主要財源。**然而，現代政府徵收「稅金」的目的，是用來賦予貨幣價值、促進國民符合國家的期望，並抑制政府不樂見的行為。**因此，如同我前面說明過的，在現行稅制下，日本政府並不將「稅收」視為主要收入財源。

目前，日本國債的累計發行量已經超過 1,000 兆日圓（當中大約有 500 兆日圓是由日銀承銷），而經營國家的費用主要正是來自發行貨幣以及國債。

這幾十年來，主流的經濟學大多是採用「過去的賦稅」作為探討模型，大學課程也大多以此來教導「經濟學原理」，因此大家才會誤解「國家將稅金當成財源來經營國家」，但這套規則已不適用於擁有自己的貨幣的現代國家。

國家的營運費用來自於發行「央行印刷的貨幣」，這件

事情並非我的個人意見或想法，而是事實。

因此，以下說法都是不正確的：「公務員靠稅金吃飯」、「政府應該要更加優待繳納高額稅金者」、「收入較低的人，支付的稅金較少，是社會的包袱」。

如果收入較低的人都不工作的話，日本國內供應的食物、商品和服務數量就會驟減，大家的生活水準也會下降到令人吃驚的水準，甚至可能會產生許多因為糧食不足而餓死的人。

日幣這張紙鈔，只是商品和服務的價值媒介，並由國家賦予其價值。對國家來說，最重要的並非紙鈔，而是負責生產食物、商品和服務的國民。沒有這些生存必需品，人類就會死亡。

假如現在日幣立刻消失，日本國內的車子數量、食物數量、人數、建築物數量、大家擁有的生產技術，都不會消失，但可能會引發很大的混亂。政府只要重新發行類似「新日圓」之類的貨幣，就能試圖恢復秩序，畢竟只要有足夠的物資，人們就不會餓死。但如此一來，貧富差距也會被重新調整。

民間銀行的角色

國家除了發行貨幣以外，還有另一種增加日幣供給的方法。那就是透過民間銀行進行「貨幣擴張」。舉例來

說，當銀行借給山田先生100萬日圓時，會判斷「山田先生是否有歸還借貸金額的可能（信用）」，然後才借給他。接著，銀行只需要在山田先生的帳戶裡打字輸入「100萬日圓」，這個世界上的日幣金額就增加了。

民間銀行評估山田先生的信用、確定他未來能夠歸還100萬後，借錢給山田先生，憑空讓100萬存款出現在銀行帳戶裡的過程，這就是所謂的「貨幣擴張」[1]。

民間銀行進行貨幣擴張時，會影響日本國內流通的貨幣量。這是非常嚴肅的事情。

因此，政府規定開設銀行必須申請許可，也以法律嚴格地規範融資量。比較具代表性的「融資金額限制措施」，包括「存款準備金比率」和「銀行資本適足比率」等。

目前，政府已經不太使用「存款準備金比率」來規範融資量，而幾乎都是以「銀行資本適足比率」來規範。後者是指，銀行只能借出「銀行資本（並非顧客存款總額，而是銀行自有的資產）」之中，一定比率的金額。

有些讀者可能以為：「銀行儲存著大家的錢，並從金庫裡拿錢出來借給大家，因此最多也只能借出金庫裡面的金額。」但事實上並非如此。民間銀行進行貨幣擴張時，就算借出的錢多於金庫裡的，也不用擔心。因為銀

1　編注：貨幣擴張在日文當中稱為「信用創造」，意指靠信用來創造出金錢。

行業務受到法律的管理和保護，就算突然有許多存款者提領現金（擠兌），造成銀行金庫現金不足，國家也會印刷現金並用運鈔車送到銀行去。因此，民間銀行要執行多大規模的貨幣擴張都沒有問題（只要符合政府規範），畢竟就只是在帳戶上增加數字而已。反之，未受國家管理的其他一般融資公司，如果將貨幣擴張到比金庫裡的錢還多的話，政府是不會提供保護的。

正因為銀行受到國家保護，所以只要在國家制定法規範圍內，借出的錢就可以多於自己所擁有的。更極端地說，國家制定的融資金額限制措施（銀行資本適足比率等）其實非常寬鬆，就算銀行金庫裡只有100日圓，銀行依然能融資給某個帳戶「100億日圓」。而且，就算這存款100億的主人跑來提領現金，國家也會拿100億現鈔給銀行。

我們已經在本章說明了國家如何建構貨幣體系。那麼發行貨幣的國家與政府，他們的職責是什麼呢？下一章將展開說明。

CHAPTER

3

國家的角色與
政府的工作

ROLES OF THE NATION & GOVERNMENT

國家扮演何種角色？

國家的工作會直接影響100人島的經濟，
因為國家負責管理貨幣（島嶼幣）的印刷，所有規則也是由國家制定的。

在國家成立以前，100人島已經能夠生產100人份的食物、商品和服務，就算維持無政府的現狀，大家應該也能「活下去」。
但是**島民為了擁有「更好的生活品質」，採納了「國家」這套系統，以及「貨幣」這項工具。**

所以說，國家的職責就是**「讓100位居民能夠活得更幸福」**。
那麼，居民需要哪些東西，才能過得幸福呢？
這個問題有點困難，100人島的居民首先想到的是**「文明發展（讓生活變得更加方便）」以及「維持和平（居民才能安心居住）」，這兩件事情相當重要。**

◎要定義國家的角色及存在目的，其實相當困難，而本書認為是「持續發展文明、建構和平社會，來讓國民都能幸福地生活」。

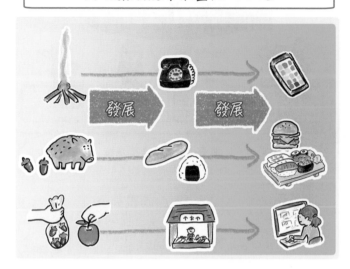

文明發展能帶來豐裕的生活

所謂「文明發展」，包含：讓島民在長途旅行時能更快速地移動、工作更加輕鬆、住在更棒的房子裡、享用更多好吃的食物等等。

「維持和平」則包含：島民不會餓死、不必害怕地震或海嘯、被他人攻擊的風險很低、能夠安心育兒、疾病不會擴散等等。

為了達成這兩項目標，**國家會在遵守國家規則（憲法）的前提下，催生「貨幣印刷廠」、「居民規則（法律）」、「公務員」、「公共設施」這四種單位。**

所謂「公共設施」是指「發電廠」、「道路」、「橋梁」等

能夠讓島嶼生活更加方便的設施，以及「堤防」、「消防局」、「監獄」等保護居民安全的機構。

◎在現實中的日本，文中的對應單位如下：

「貨幣印刷廠」代表日本央行、「居民規則」代表法律、「公務員」包含公務員、類公務員（日本央行、日本年金機構

和研究所等單位的職員）、「公共設施」包含道路、橋梁、
隧道、防波堤、垃圾處理場、各種國家設施等。

除此之外，國家的工作還包括「制定能夠幫助弱者的規
則」。
為什麼國家要幫助弱者呢？

假設你居住在「不幫助弱者的島嶼」。
你每天都認真工作，和爸爸媽媽以及妹妹總共四個人住
在一起。有一天，你們一家開車出門，結果發生了意外。
非常遺憾，你的父母親和妹妹都過世了，只留下你一個
人。你雖然獲救，但是腦部受損，因此沒辦法再繼續工
作。
你向任職的公司求助，公司卻說：「這是你自己的問題，
沒辦法工作是你的不對。」
你無能為力，只好在路邊高喊：「誰來救救我！」
但大家卻說：「你沒有能夠幫助你的朋友，是你自己的
問題。」或者「就算身體有殘疾，沒有辦法找到能做的工
作，是你自己的問題。」
你繼續哭喊著：「這樣下去我會死掉。」大家也只會說：
「隨便你。」甚至說「都怪你這麼無能。」

這時候，你會怎麼做呢？
每個人的回答都不一樣。

有些人會選擇自殺，或是殺死那些惹怒自己的人再自殺、靠著翻垃圾活下去、成為小偷、因為憎恨社會而去攻擊他人，又或者對某個團體或政治家產生怨恨而去殺死對方

不管哪個回答，都無法帶來和平。
假設島上有10位「走投無路的弱者」，那麼所有島民都無法安心生活了。
因為只要走出家門，就可能會碰到「隨機攻擊者」。
大家都非常不安，以致於無法集中精神工作。

對弱者冷漠的社會，相當危險

為了以防萬一，很多人可能會盡量把資產集中存放、待在家裡，有人甚至會雇用保鑣。原先和平的島嶼會變得越來越混亂。

因此，國家若是不幫助弱者，治安就會惡化、社會也會崩潰。

但我們也不可能打造出完全沒有弱者的社會。因為任何社會中，每100人之中就會有50人的表現低於平均。

而且這50人當中，可能會有10人的能力與平均水準相比，相當低落。

所謂「弱者」，其實就是計算每個人與平均值的差距，因此社會中絕對不可能沒有「弱者」。

況且，某天你也有可能會因為疾病或者意外而成為「弱者」。

為了實現「島嶼的和平」，並盡可能讓大家都能安心地「發展文明」，**國家必須要制定一套幫助弱者的制度。**

◎日本扶助弱勢的制度包含：各種年金及《最低生活保障制度》、獎學金、推廣雇用身心障礙者的法律等（這類制度被稱為社會安全網）。

◎社會安全網若能良好運作，社會就會是安全的。大家能夠輕鬆愉快地生活，經濟活動當然也就比較活躍，也比較容易發展創新技術。

填補規則漏洞

100人島上制定了許多居民規則（法律），
數量多到一般居民根本記不住。
但是，無論國家打造出多麼詳細的規則，始終沒有「完美的規則」。
每過一段時間，就會有人鑽規則的漏洞來賺錢。

舉例來說，假設100人島上只有生產地瓜這種食物。政府為此制定了一條規則：「禁止種地瓜的農夫同時把價錢抬得很高」。
讀完這條規則的貓，想到了一個「好點子」。
他花了一整天，把整座島上的100顆地瓜，用100元全部買下來。
接著，貓在自己的店裡貼公告說：「地瓜一顆一萬元」。

「別開玩笑了！一顆一萬元太貴了吧！」
「這些地瓜又不是貓種的！」
島上其他99人都相當憤怒，馬上向公務員舉報。
但是貓卻反駁說：「我沒有違反任何規則呀。」

確實，貓並沒有違反「居民規則」，

因此公務員無法逮捕貓。

但大家實在不想花一萬元買一顆地瓜。

可是不吃地瓜，大家就會餓死。

結果那一年，除了貓以外的99位島民，都花費了一萬元向貓買地瓜，以免自己餓死。

第二年，受不了昂貴地瓜的99人，決定開會制定新的規則：

「禁止個人為了賺錢，大量收購商品或服務，並以異常高價出售。」

讀完這條規則的貓，又想到了另一個「好點子」。

也就是，國家既然規定個人不能大量收購商品，那貓就花一萬元雇用十個人，讓這十個人分別去買地瓜。然後貓又在自己的店裡公告「地瓜一顆一萬元」。

只要居民數量到達一定程度，島上就會有貓這樣鑽漏洞賺錢的人。

這些「不從事有益於他人的工作，只會鑽漏洞賺錢」的居民，本書稱之為「鑽漏洞者」。

鑽漏洞者雖然沒有破壞規則，不算是壞人，但對於島上的文明發展沒有任何貢獻。

因為島嶼是由100個人分攤工作，生產100人份的食物、商品和服務。

貓和夥伴共10人如果靠轉賣商品維生，沒有做對島嶼有實際幫助的工作，那麼島上就只剩下90人來生產食物、商品和服務。

比起只有90個人在努力，當然是100人一起努力，更能夠推動「島嶼的文明發展」。

因此，國家每次發現鑽漏洞者時，就必須要填補規則漏洞。

◎1978年以前，日本的老鼠會（多層次傳銷）並不違法，而那些靠老鼠會賺錢的人，就是無益於任何人的「鑽漏洞者」。到了現代，也仍有許多惡性炒作、欺瞞、放空價格的人。

◎「glitch」（干擾）一詞，原先是指電腦程式發生錯誤和問題，近年來則指刻意利用遊戲漏洞的技巧。

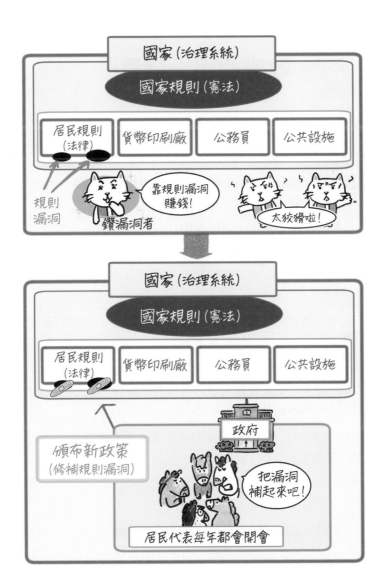

3 政府的兩大職責

100人島依據嚴格的國家規則（憲法），打造了「居民規則（法律）」、「貨幣印刷廠」、「公務員」、「公共設施」。接下來即使沒有密切地監督管理，金錢似乎也能自發流向需要之處，居民都能安心過著美好的生活。

但是，事情不可能一直如此順利。

一段時間過後，原先的規則和公共設施可能會無法應付新的問題（例如：海嘯和漲潮的高度都增加了，需要建造更高的防波堤）。

此外，國家的「金錢分配」也很常發生以下三個問題，因此政府必須經常修改政策。

・**問題①　一定會有人想靠著鑽漏洞賺錢，從事對他人沒有益處的工作。**

在100人島上，國家希望「從事對他人有益處之工作者」能夠賺很多錢，但實際上，社會中一定會有鑽漏洞者，他們的工作無益於他人，卻能賺大錢。

・**問題②　島民的薪資取決於國家的規則。**

薪資很容易會因為國家制定的規則而改變。例如，政府只要調整「最低薪資」，勞工的生活水準就會改變。又或

者，政府調整香菸稅之後，香菸的售價就會提高，香菸公司員工的薪水也會跟著改變。此外，如果國家確定了「公務員的年薪為○○元」，那麼無論公務員多麼努力或者偷懶，年薪將都是○○元。

- **問題③　如果國家放任不管，重要但不賺錢的工作就會越來越少人做。**

如果放任金錢自由分配，「研究」、「防災」、「維修」等不容易賺錢的工作可能就沒有人會做，但這些工作有助於國家的未來發展。因此，國家應該積極創造工作機會，並且支付薪水來支援這類工作。

事實上，要根據居民的貢獻度來設定適當的薪水，是相當困難的。

「年收入兩百萬的兔子」和「年收入兩千萬的豬」相比，誰對於「島嶼的文明發展」和「促進島嶼和平」比較有貢獻呢？其實很難用年收入來判斷。

兔子的工作有可能對社會貢獻很高，卻遭到其他人的剝削；豬也可能是利用了規則的漏洞，才賺了很多錢。

因此，「價格」（金錢）雖然是用來表現商品和服務價值相當方便的工具，卻不一定是能夠「正確」表現商品及服務價值的萬能工具，這點非常重要。

◎在現實當中，的確有非正式員工的工作量與正職者相同，薪水卻不到一半的情況。此外，有些職業「對大家來說相當重要」，年收入卻低於平均，例如：照護人員、保育人員、護理師等等，這些案例都需要政府介入來修改規則。

「居民規則（金錢）與金錢分配」很常會發生以上三大問題，國家若是放任不管，就會不斷產生新的問題。

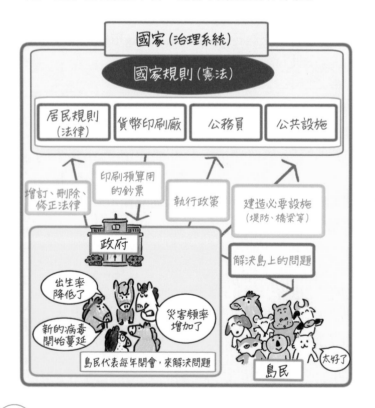

為此，島上100人投票選出5人，每年召開代表會議，決定政府今年要做哪些事情。**政府的工作大致分為「修訂規則（法律）」、「善用規則與貨幣，解決居民的問題」這兩項。**

如果政府發現有人鑽規則漏洞，就要修改居民規則，填補漏洞。當可怕的傳染病開始流行，政府就必須制定政策：「禁止民眾外出」、「關閉餐飲店」、「發放補助金給收入減少的餐飲店」、「請科學家研發疫苗」等。

政府還可以視情況制定新的「居民規則」，例如：願意與政府合作的餐飲店可以減稅。

這些政策都是由「公務員」來執行。
政府支付給餐飲店、科學家、醫生、公務員及業者的錢及薪資，則由「貨幣印刷廠」印刷所需的數量來支付。

「修訂規則（法律）」、「善用規則與貨幣，解決居民的問題」就是政府的工作（即制定政策）。 政府透過這些工作，來達到「發展島嶼文明」和「促進和平」這兩項目標。

◎100人島將國會、內閣統稱為政府，但在現實中的日本，國會是負責立法工作、內閣負責行政工作。

政府有能力達成、沒能力達成的事

政府在為居民服務時，
有些政策是「有極限的」，
有些政策則「沒有極限」。

舉例來說，某天100人島上的工人豬拜託政府：
「我受傷了沒辦法工作，
現在沒有收入所以無法生活。請幫幫我。」
政府卻說：
「抱歉，因為金庫裡的島嶼幣（貨幣）不足，
我無法幫你。」
政府真的會這樣說嗎？

一般居民確實可能會說：
「我現在也是在借錢過生活，非常辛苦，
所以我幫不了你。」

但政府不一樣。

因為國家能夠創造「貨幣」，
並請「貨幣印刷廠」負責發行，

所以**政府絕對不會「因為貨幣（金錢）不足，
而無法幫助國民」。**

當然，
居民可能會擔心：
「政府即使花費巨額來幫助弱勢居民，可能也無法解決
問題。」
「政府支付了那麼多錢，島上的金融系統會不會崩潰？」
但是實際上，政府根本不需要思考
「貨幣（金錢）如果不足該怎麼辦。」

接下來，讓我們換個情境，
假設有一群貪吃鬼居民要求政府：
「我想吃更多地瓜，請想辦法生產一億顆地瓜。」

政府是不可能做到的。
因為島上並沒有那麼多可以種地瓜的土地，而且就算
100位島民都去務農了，人手還是不足。

從現實條件上來看，政府辦不到。

要求政府生產實質商品，數量是有極限的。

統整一下，

**政府不可能因為「貨幣（金錢）不足」而無法執行政策，
但有可能會因為「人力或商品不足」所以無能為力。**

◎我們可以說，「國家在執行政策時，雖然沒有財政方面的限制，但是有實體物質上的限制」。

◎順帶一提，這種邏輯模式——「政府在執行政策時，不需要擔心財政預算，只要集中解決實質問題即可」——稱為「功能財政理論」（functional finance）。

5 維持所得平衡

假設現在 100 人島上，每位島民都擁有 1 萬元，
而政府代表會議中一名代表提議：
「請貨幣印刷廠印 100 億元，發給每人 1 億元吧！」
「這樣大家都會變有錢，肯定也會更幸福吧？」

所有代表都贊成這項提議，
於是貨幣印刷廠印刷了 100 億元發給大家。
同時，政府調整了徵稅規則：
「每年稅金由 1,000 元調升為 1,000 萬元」。

結果，大家的生活並沒有變得更好。

因為除了大家錢包裡的紙鈔數量變多以外，
島上的蘋果數量、
車輛數量、技術水準等，
其他一切都沒有改變。
因此，蘋果（商品）的價格會從 100 元變成 100 萬元，

也就是說，政府在制定政策時，應該先思考「該如何促進『島嶼文明發展』和『島嶼和平』？」

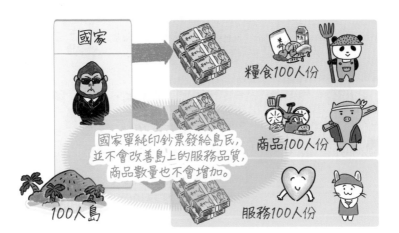

而不是思考「該如何讓島民擁有更多錢?」

舉例來說,

地瓜是島民相當重要的食物,

國家為了發展生產技術(來種出更多好吃又便宜的地瓜),

可以發放補助款給種地瓜的農夫、

增加種地瓜的農民人數、

設立專門研究新地瓜品種的單位、

或者限制國外進口的地瓜數量等。

此外,如果出現收入不平等的情況,

而國家放任不管,社會的金錢分配平衡一定會崩潰。

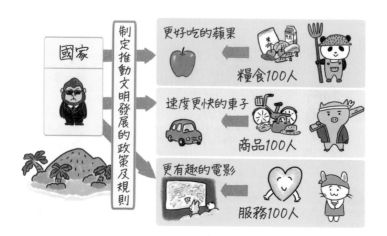

因為基本上，

富人會越來越有錢；

而貧窮的人則會越來越窮。

因此，政府要盡可能維持所得的平衡。

國家如果想要促進文明發展，
最好要保持適度的社會競爭。

假使島民的所得極度不均，

大家就無法好好競爭。

舉例來說，有位島民擁有很厲害的電腦設計點子，

卻因為過於貧窮、連活下去都很困難，
因此根本沒有時間打造新的電腦；
又或是他被相當有錢的電腦公司老闆老虎拚命阻礙，
導致他遲遲無法做出那台很厲害的電腦。

所以，政府制定政策時，
必須不斷思考：
「該如何達成『島嶼文明發展』和『促進島嶼和平』？」
「該如何維持島民的所得平衡？」

◎德川家康擁有許多金銀財寶，與我們相比可說是相當有錢。然而，居住在現代的我們，生活卻過得比他方便許多，不僅能住在有空調的舒適房屋、可以吃到全世界的好吃食物，還能夠享受電影以及有遊戲這類相當有趣的娛樂。原因是我們處在「文明更發達」的時代。這正是為什麼我在前面提到，政府的工作應該是促進「文明發展」，而不只是「如何讓人民擁有更多錢」。

國家的工作是讓社會順利運作

國家的工作是「在『發展文明』的同時，維持社會秩序及社會安定。」

當然，有些人認為「『發展文明』不一定能讓人類獲得幸福」；但是，「幸福究竟是什麼？」這個問題是沒有正確答案的。一般而言，我們將幸福定義為「經濟成長與技術發展」，因此本書將「發展文明」包含在國家的工作內。

為了達成這項目標，國家會根據憲法打造出法律、中央銀行（負責印刷貨幣）、公務員、公共設施，並且管理國民。**國家是管理人民、引導人民走向更美好方向的一套系統。**

由於國家和貨幣都是人類創造出來的，因此不可能百分之百完美，有可能出現「漏洞」。要是放任不管，一定會出現靠著鑽漏洞賺錢的人。

此外，新型病毒流行、自然災害爆發、少子化現象等，都會隨著時光而變化，原先的系統必定無法因應這些變化。

因此，國家必須不斷調整制度以適應新時代。我們成立「政府」的目的，就是要透過立法及行政部門每年的討論，來修補漏洞，並執行可以應對當下問題（新型病毒、自然災害等）的政策。

找出鑽漏洞者

每個人都會想要盡可能獲得更多利益，因此系統中若是有漏洞（Glitch），就一定會出現想利用漏洞的人。本書將他們稱為鑽漏洞者（Glitch man）。

鑽漏洞者可以區分為兩類：**「幾乎對所有人都沒有貢獻者」以及「雖然有貢獻，但是賺到的錢遠遠超過其貢獻」。**

在第一種類型中，最典型的案例就是轉賣商「惡性炒作、高價轉賣」的行為。轉賣商會事先買下許多人都想要的東西，然後在拍賣網站之類的地方高價出售。他們和進口代理商或者批發商不同，後者讓商品能夠順利流通，但轉賣商對其他人毫無貢獻，只會阻礙商品流通然後奪取大家的金錢。

日本政府訂定了《防止擾民條例》來處罰黃牛。但當時擬定法條時，處罰的對象僅限「過往類型的黃牛」，也就是在街上（公共場所、火車上等）高價轉賣票券的人，完全不適用於網路上的轉賣行為。

因此，日本於2019年制定了《確保表演入場券流通正當性之禁止不當轉賣特定表演入場券相關法律》，也就是禁止不當轉售票券的法律（包含網路上的票券轉賣）。然而，票券以外的商品轉賣仍然不在此法律管轄範圍內。在轉賣這方面，日本依然允許相當多鑽漏洞者的存在。

至於第二種類型的鑽漏洞者（雖然有貢獻，但是賺到的錢

遠遠超過其貢獻），最典型的案例是工業革命時期的英國資本家。

英國當時沒有制定最低薪資的相關法律，因此工廠能以極低的薪水雇用勞動者，結果就是資本家幾乎將所有利益都據為己有。資本家雖然還是有負責「經營工廠」這項工作，但以現代標準來說，他們的貢獻度實在不值得拿到那麼多錢。

現代也有一些類似案例，例如「不同職員明明做一樣的工作、有一樣的成果，但因為進公司時的職等不同，所以薪水相距甚遠」或者是「不努力工作的正職員工比起認真的派遣人員，反而領更高的薪水」（日本已於2020年修正《派遣法》，規定「同工同酬」，但是並沒有完全解決問題，仍然有相當大的改善空間）。

另外，規模比較大的鑽漏洞案例則是日本的電信公司。

日本訂有禁止獨占的法律，但是公司之間只要沒有勾結，而是「價錢碰巧跟別家一樣」，那麼市場就依然可能呈現獨占狀態。

舉例來說，日本的三大通訊公司會觀察彼此的定價，認為自己訂高價是因為「另外兩間公司也把價格訂得相當高」。

因此，與其他有良性價格競爭的國家相比，日本的手機費用相當高昂。這三家公司雖然有提供手機電信服務，但是賺到的錢遠遠超過其貢獻度。因此，這三間公

司都算是鑽漏洞者。

後來，日本政府意識到這項「漏洞」，便以總務省、消費者廳為首，強烈要求三間公司降低手機費用，同時訂下規定，禁止零售店面刻意引導消費者選擇特定契約，同時調降一般通訊公司租用大電信公司線路的費用等。

人類之所以發明出國家和貨幣系統，就是為了「最佳化工作分擔以及資源分配」，因此「鑽漏洞以獲取較多資源」這種行為，並不受大家歡迎。

不過，鑽漏洞者只是希望自己能獲得最多利益，因此譴責鑽漏洞者的人格是不能解決問題的。**真正的問題還是在於系統有漏洞，而解決問題的辦法，就是修補漏洞。**

從正面的角度來看，鑽漏洞者的存在也可以說是國家系統的除錯者（找出程式漏洞的工作人員）呢！

升級國家管理系統

當全世界的「狀態」發生改變，新的問題一一出現時，國家原先的系統可能無法因應，因此政府必須進行系統升級。舉例來說，政府針對2019年開始流行的新型冠狀病毒，接二連三地推出了新政策、制定新法條。

有時候，政府必須同時間填補鑽漏洞者找到的法條漏洞，並配合時代變化進行系統升級。比方說，隨著網路

技術的發達與普及，日本在2016年左右出現了「盜版網站」這樣的鑽漏洞者，讓人們能夠免費閱讀大量書籍和雜誌等刊物。許多出版社因此損失慘重，引發了嚴重的社會問題。

由於日本舊時的《著作權法》並沒有針對如此新穎的網路社會進行規範，只規定「掃描漫畫上傳至盜版網站」這個行為是違法的，但是提供盜版作品或連結之網站並不違法，因為網站本身並沒有掃描或者上傳作品，政府也就無法取締。

因此，日本在2022年修正《著作權法》，明訂政府可以取締「誘導網友前往盜版網站者」，除此之外，「使用者若知道作品為非法轉載卻下載」也違法，行為惡劣者甚至會受到刑事處罰。順帶一提，在新的修正法案完備以前，政府曾以「臨時且緊急之措施」為由，封鎖部分盜版網站的連結。

保護社會中的弱者

社會中有許多需要受到保護、無家可歸的弱勢群體。

對於這類人，我們常常會聽到以下觀點：「淪為弱者是因為他們不夠努力」、「他們明明有其他選擇，但是選擇走上那條道路，必須自己負責」等等。

在我們日常生活中，比如學校或者工作場所，這種

「自我負責」觀點的確是無可辯駁的。畢竟如果沒有競爭，人們就不會努力。

但是，國家不應該認定「弱勢者必須為自己負責」。

我們必須明確區分：**私人領域中「沒有成果的人應該被淘汰」和國家層次的「沒有貢獻的人應該被淘汰」是完全不同的議題。**

人類是群居的生物，我們建立了超過千人的大型社群，彼此分擔工作、互助而生，為了保持這種高效率的合作，能力強的人就一定要幫助能力弱的人。

為什麼呢？因為社會如果拋棄弱者，就表示「只要受傷或者生病而無法工作，就會被社會拋去」。處在這種壓力重重的社會中，沒有人能夠安心、放鬆地生活。

這會導致什麼結果呢？首先，每個人都不願意冒險，大家會變得相當保守。結果就是消費力節節衰退、景氣惡化，技術與文明發展都受到阻礙。

此外，如果社會沒有對弱者伸出援手，他們有可能會走上犯罪一途，比如搶劫，或是因為怨恨而心理不平衡，最後成為恐怖份子。這樣一來，社會的不安定感就會上升，每個人都無法安心過生活。因此，國家必須建立幫助弱者的機制。

2021年，日本電鐵京王線發生了一起隨機殺人未遂事件，犯人模仿電影《小丑》（主角是一位被社會拋棄的弱者，後來引發大規模殺人暴動），得到了廣泛關注。針對這起事件，有些人認為「這是《小丑》這類電影對社會造成的負

面影響」、「如果你想死就應該自己去死」。

隨機殺人確實是無法寬恕的行為，然而京王線事件的犯罪者不但沒有家人，也沒有朋友，工作和交友都不順利，甚至有「我想死，希望國家判我死刑」的想法，他完全是被逼上了絕路。

面對這些認為自己生不如死的人，我們責備說「都是你的錯」、「禁止行使暴力」，完全沒有任何意義。

有些人就算被逼到絕境也不會做壞事，但是日本擁有超過一億人口，若是有幾萬人被逼向絕境，當中必然有人會從事恐怖攻擊。這是無法避免的統計學現象。

假使我或你，明天突然因為疾病或意外而無法工作，又或是突然失去與家人的聯繫，我們會馬上變成對社會毫無價值的存在嗎？

如果社會的答案是：「沒錯。」這個回答實在令人太過悲哀了。因此，只要社會行有餘力，就應該幫助弱者，這也是人類這種群居動物的生存戰略。

在現代社會中，就算有一定數量的人不工作，我們仍然有足夠的食物、商品和服務讓大家好好生活，也有能力向弱者伸出援手。

政府也打造了完備的社會安全網，包括：最低生活保障制度、殘障年金、遺屬年金、高額醫療費用補助、勞動保險等，來幫助需要支援的人。

發展國家的技術實力

國家在財政上沒有限制，政府可以自己發行日圓，因此不可能出現「日圓不足」的問題。

但是，國家在物質現實上有其極限。比如說，即使政府宣稱「日本的醫師數量要在一年內成長十倍」，但實際上具備醫療知識的人卻是有限的，政府不可能在一年內培養那麼多醫療專業人才。

在以上前提之下，**「政府執行政策時不需要擔心財政預算，只要集中解決實質問題即可」** 的想法開始普及。

所謂實質問題，指的是「失業人數增加」、「經濟不景氣、物價持續下跌」、「技術水準倒退」等與國民實際生活相關的事物。

過去，日本曾經認為「國債增加，政府必須節制支出，追求財政盈餘」，而在某些情況下，因財政限制而放棄執行必要的政策。不過，日本目前已經逐漸走向「取消財政上的限制，盡可能採取一切必要政策」。

話雖如此，政府其實不能直接發給每位國民一億日圓，因為這只是增加紙幣數量，不會提高日本的生活水準（食物、商品、服務）；相反地，政府應該透過提高勞動生產力、增加生產品質良好的商品，來提升日本的生活水準。也就是說，為了實現日本的發展（經濟成長），政府必須支持能讓「技術進步」的政策。

舉例來說，**對一家能夠生產高品質汽車的公司來說，**

最不能夠失去的資產，就是知道如何打造卓越汽車的技術人員。如果所有技術人員都離職了，這間公司無論有多麼優秀的業務或行銷人員，也無法生產優質的汽車。

因此，具備專業技術或知識的人員，對於國家的技術發展相當重要。日本雖然自稱「技術大國」，能在資源稀少的情況下靠技術能力與他國競爭，國家內部卻有著輕視研究人員的傾向。

在講求實力至上的美國，研究及技術人員的薪水遠比日本高上許多，資料顯示日本技術人員的薪水大約只有美國技術人員的六成。原本應該要支付給技術人員的資金，在日本大多流向了其他職業。

在現今的日本，一旦成為「開發新技術的技術人員、研究者」，薪水幾乎確定會比大企業的一般上班族低。我身邊和我一樣進入東京大學工學系研究科的朋友，大多因為「技術研究人員的薪水比一般上班族低太多……」而選擇進入一般公司就業。

熱愛研究和技術開發的人，最後都不得不拋棄專業。**這些擁有專業長才的研究人才，卻無法發揮各自的專業，對日本來說是相當大的損失。**

如果日本國立大學或研究機構的待遇稍微高一些，有可能連帶提升民間技術人員和研究人員的薪資，如此一來，選擇投身到技術發展領域的年輕人應該也會增加。這是我個人的期望，我很希望日本技術人員、研究人員的待遇能夠提高一些呀……。

日美兩國，不同職業年收入比較 [2016年／男性]
（以「工友」的年收入作為基數100）

與美國相比，日本的技術人員薪水水準較低。引用自「技術靈感 TECHNOPRO」網站
（ https://www.technopro.com/design/rec_c/lp/ml_info/workstyle/work20200301.html ）

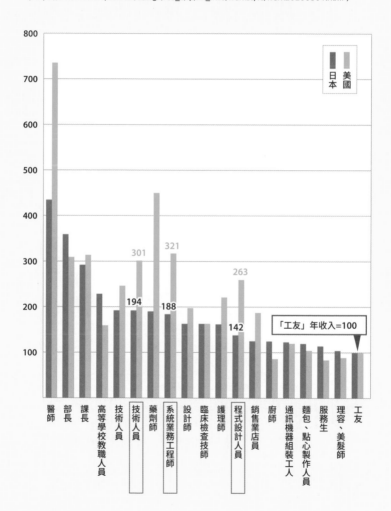

CHAPTER

景氣與物價

BUSINESS CYCLE & PRICE LEVEL

1 單一商品價格的決定方式

商品的價格是經由以下過程來決定的。

我們以某年的蘋果價格為例，

假設在100人島上，有15個人想要買蘋果。

這15個人**「願意用○○元買一顆蘋果」**（稱為買方價格感受），**都是不一樣的。**

有1個人願意用250元購買。

有2個人願意用200元購買。

有3個人願意用150元購買。

有4個人願意用100元購買。

有5個人願意用50元購買。

其他85個人，則根本不想買蘋果。

相對地，島上也有15個人想賣蘋果。

而這15個人**「想用△△元賣掉一顆蘋果」**（賣方價格感受），**也各不相同。**

有1個人希望以50元出售。

有2個人希望以100元出售。

有3個人希望以150元出售。

有4個人希望以200元出售。

有5個人希望以250元出售。

其他85個人，則根本不想賣蘋果。

接著，鱷魚開始詢問：「如果1顆蘋果賣250元，你願意買（賣）嗎？」

此時，賣方15個人都會舉手，但是買方卻只有一個人舉手。

這表示售價太貴了。

鱷魚又問：「如果一顆100元，你願意買（賣）嗎？」

此時，10位買方會舉手，但是願意賣的人卻只有3位。

這表示售價太便宜了。

經過多次調整後，

鱷魚最後問：「如果一顆150元，你願意買（賣）嗎？」

此時，買方和賣方剛好各6個人舉手，如此一來交易就成立了。

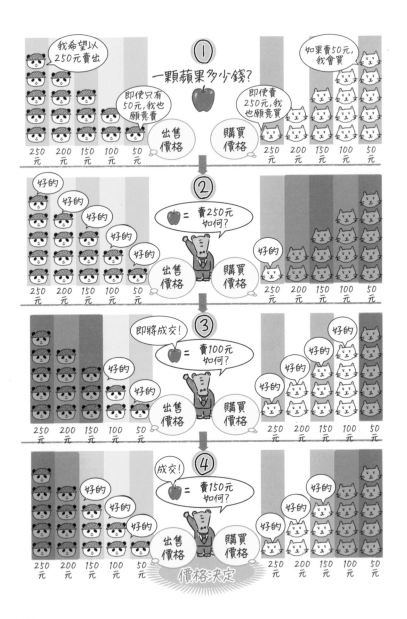

價格就是這樣決定的。

在以上交易中，價格是根據買方15人

「願意用○○元買一顆蘋果」的感受，

和賣方15人

「想用△△元賣掉一顆蘋果」的感受，

來決定的。

那麼，究竟這「兩種感受」是如何形成的呢？

「我願意以這個價格購買。」

「我希望以這個價格賣出。」

這兩種感覺會隨著時間而改變。

**為了更容易理解，我們假設100人島上，每年只有一天
「交易日」，所有蘋果的買賣都會在這一天完成。**

在今年的「交易日」上，會影響買賣雙方「兩種感覺」，

進而決定蘋果價格的因素如下。

①法律、稅制，以及去年蘋果的價格

②100人想吃蘋果的程度

③島民的富裕程度

④蘋果公司與員工的薪資談判結果

⑤蘋果的生產技術

其中，因素③島民的富裕程度，是指該島民擁有的所有

財產，而不只是持有的貨幣數量。

舉例來說，「擁有3萬元的貓」和
「擁有3萬元，加上100顆鑽石（推測市價1億元）的老虎」，
兩人就算持有相同數量的貨幣，
但是對於老虎來說，很明顯「1萬元根本微不足道」，對
吧？
此外，因素③也包含了「能否在目前任職公司獲得更高
薪水」的期望程度。

**因素①②③會決定買方「願意用○○元買一顆蘋果」的
感受；**
**①③④⑤則會影響賣方的「蘋果生產量及成本」以及
「期望的獲利程度」，進而決定賣方「想用△△元賣掉一
顆蘋果」的感受。**
最後，兩種感受交集的價格，就是市場價格。
如此一來便決定了「今年的交易日，一顆蘋果是150
元」。

◎「需求曲線」呈現的是買方價格和人數的相對分布，「供
給曲線」則是呈現賣方價格和人數的分布，兩者交集的價
格則稱為「均衡價格」。

決定物價的五項因素

2　整體物價的決定方式

經過上一節的說明，大家都明白了「單一商品價格」的決定方式。

那麼，「島上所有商品的價格＝物價」又是如何決定的呢？

我們假設100人島每年有一天「交易日」，島上所有商品（食物、商品、服務）的買賣都會在這天進行。

就跟買賣蘋果一樣，

物價是透過以下五個因素來決定：

①法律、稅制和去年的物價

②100人有多想要這些商品

③島民的富裕程度（包括所有財產，如：金錢、寶石、房屋等）

④島上所有公司與員工的薪資談判結果

⑤所有商品的生產技術

這五個因素決定了「所有居民和政府『願意用○○元購買商品』的感受（全體買方價格感受）」和「所有賣方『願意以△△出售商品』的感受（全體賣方價格感受）」，

這「兩種感受」的中間交集，就決定了所有商品的價格（即物價）。

接著，我們來看看今年100人島是如何決定物價的。

首先，政府參考去年的國家狀況，
決定今年要施行的政策包括：
「買100顆蘋果分發給老人」、
「提供病患一年的生活津貼」、
「建造水壩」等等。
島上的100個人也會決定今年的支出，例如：
「願意花○○元買車子」、
「願意花○○元買蘋果」、
然後島民和政府協調後，
便決定了「全體買方的價格感受」。

賣方也會決定各自的出售條件：
「願意以△△元出售蘋果。」
「願意以△△元出售車子。」
於是「全體賣方的價格感受」也確定了。

市場會根據買方「願意花○○元買」，
和賣方「願意以△△元出售」，
以適當的價格成立交易以後，確定今年的物價。

物價決定以後，買賣雙方就要開始付款。

老虎持有「100萬元及等值於1億元的鑽石」,他決定要花500萬元買車。

由於無法用鑽石支付,所以老虎以鑽石作為抵押,向銀行借了400萬元來支付車子的款項。

政府估計今年執行政策總共要花費5,000萬元。

由於今年稅收只有1,000萬元,所以政府請貨幣印刷廠印了4,000萬元來支付費用。

假設在交易日這天,只有老虎向銀行借錢,

則島嶼上增加的貨幣總量會是:

「國家印刷4,000萬元+老虎向銀行借400萬元（貨幣擴張）＝4,400萬元」。

也就是說,島嶼上流通的貨幣總量,會在「物價決定後付款時」增加。

完成付款後,4,400萬元就會進到島上100人的錢包中。

當然,大家的財富狀況（資產狀況）也會隨著改變。

比如,買家的資產會增加,有人可能會再向銀行借款,有人可能會開發出新的資產（挖到鑽石或者發現油田等）。

而今年島上狀況變動後,也會影響明年的物價。

◎「通貨膨脹」表示「整體物價上揚」，「通貨緊縮」則是表示「整體物價下跌」。物價若是在短時間內急速上升，我們稱為「惡性通貨膨脹」。

◎政府可以自行決定支出金額，因此國家的貨幣發行量取決於政府的自由裁量。政府的確可以決定發行大量貨幣，

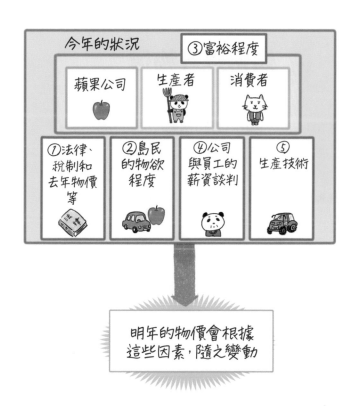

例如「發給每位國民1億元補貼」，但這樣做會大幅改變國民的「資產狀況」，並對第二年的物價造成極大影響。

3 如何提升物價

在100人島上，起初有10個人在汽車公司工作，
生產100人份的汽車，供所有島民使用。

隨著時光推移，汽車生產技術不斷進步。
現在，只需要5個人就能打造出100人份的汽車。
因此，原本在汽車公司工作的10個人當中，有5個人遭
到裁員。

狸貓對被裁員的5個人說：
「這座島嶼上還沒有飛機，我們來製造飛機吧！」
於是這5個人開始在飛機公司工作。
狸貓向銀行借了1,000萬元，支付每個人薪水100萬元，
又用剩下的500萬元買了製造飛機所需的材料。

此時，收到薪水的5個人，
以及製作飛機材料的公司，
他們的錢包裡總共增加了1,000萬元。

由於荷包滿滿，他們便開始買東西。

如果將以上現象套用到前面決定物價的過程，
當「想買的人數」增加，
物價便會上揚（通貨膨脹）。

飛機公司開始銷售飛機、賺取到利潤之後，員工也增加到10個人。

隨著時光推移，飛機生產技術不斷進步。現在，只需要5個人就能打造出100人份的飛機。因此，原本10人團隊中，有5個人遭到裁員。

狸貓又對被裁員的5個人說：
「這座島上還沒有火箭，我們來製造火箭吧！」

同樣的事情將在下一個世代繼續發展。

狸貓不僅製造出飛機和火箭，讓島嶼生活變得更加方便，還提供5位失業者「促進島嶼生活機能的工作」，對於「島嶼的文明發展」有所貢獻。

而政府的目標，正是
促進「文明發展」以及達成「島嶼和平」。

因此，政府非常希望島上能有更多像狸貓這樣的居民，

所以積極地推行
「增加新產業之就業人口」的政策。

如果這項政策順利運作的話，
狸貓這類居民的人數就會持續增加，
物價也就會緩緩上升。

對政府來說，物價緩緩上升（引起通貨膨脹）是「很好且運作順利」的社會狀態。

相反地，若是「增加新產業之就業人口」政策沒有成功，
被裁員的5個人就無法找到新工作。
他們當然也就沒辦法購物。
對島上其他人來說，如果這5個人不再購物，
商品銷售就會減少，大家的錢包也會更加緊繃。

如同前面提到的五項物價影響因素，
當「想買的人數」減少時，物價就會下滑。
對政府來說，物價下滑（發生通貨緊縮）是「很糟」的社會狀態。

但政府最重要的工作，還是
促進「文明發展」以及「島嶼和平」。
因為這能「讓大家過上更方便且幸福的生活」，

而**「提升物價」並非政府最重要的目標。**

◎政府最重要工作不是促成通貨膨脹。基本上,通貨膨脹不會讓景氣轉好,而是因為景氣變好所以才會導致通貨膨脹。

◎「成本推動型通貨膨脹」(Cost-push Inflation)是由原物料費用及薪水迅速提升所引發的,這類通貨膨脹無法改善大家的生活品質。

4 如何提升景氣

100人島應該如何推動「增加新產業之就業人口」政策呢？
政府代表聚在一起討論，
大象與長頸鹿分別提出了意見。

大象的意見如下。
大象說：「我們應該發行貨幣，然後存入斑馬銀行。」
長頸鹿問：「為什麼？」
大象說：「銀行擁有更多資金，就會降低利息。以前，他們借出100萬元會要求歸還110萬元。現在，他們可能只會要求歸還101萬元就夠了。」
長頸鹿問：「降低利息有什麼好處呢？」
大象回答：「降低利息能讓大家借錢更輕鬆，就會有更多島民借錢，來開創新的事業。」
長頸鹿：「原來如此，這樣做或許有效。」

於是，政府立即施行了這項政策。
銀行降低了利息，
但令人意外的是，並沒有更多人借錢來開創新事業。
這不僅拖慢了「島嶼的文明發展」，

還導致物價下跌（通貨緊縮）。

面對這個情況，長頸鹿的意見如下。

長頸鹿表示：「果然只有降低利息是不夠的。」

大象：「為什麼呢？」

長頸鹿：「無論利息多低，大家如果沒有『想要開創新事業』的誘因，就根本不會借錢。」

大象：「那要怎麼做，大家才會借錢呢？」

長頸鹿：「如果有人發現了『很棒的商機』而且『可以賺大錢』的話**，即使銀行利息很高，大家仍會借錢創立公司。又或是，大家有非常渴望擁有的東西，**比如：令人相當心動的智慧型手機、很新潮的汽車上市，大家應該就會借錢去買。」

大象：「原來如此。你說的或許正確」

正如第4章第2節提到，

物價的決定因素②「100人對商品的渴望程度」是這樣運作的：**買方、賣方都確定了各自的價格感受→決定物價→為了交易而向銀行借錢。**

也就是說，人們會想「跟銀行借錢」，是因為先確定了「我要買這個東西」。

銀行如果只是單純降低利息，並不會促使人們開創新事業，或者讓人想要購買新東西。因此，國家如果希望增加創業家的人數，應該「打造適合開創新事業的環境」以及「培養能夠開創新事業的居民」。

◎大象的做法，我們稱為「外生貨幣供給理論」（Exogenous Money Supply Theory）。

◎長頸鹿的做法，我們稱為「內生貨幣供給理論」（Endogenous Money Supply Theory）。

◎近年來，日本政府施行了「降低銀行利率」的金融政策，但對經濟成長卻仍然不見效果。

那麼，政府實際應該怎麼做呢？

如同長頸鹿所說的，為了增加創業家人數，政府應該要「打造合適的環境」和「培養居民的創業能力」。

以狸貓為例，這些創業家首先會想：「我需要向銀行借錢，希望能用○○元（買方價格感受），來買到開創新事業所需的材料。」

因此，政府應該實施「提升買方價格感受（購買意願）」的政策。

在「決定物價的5項因素」之中，
以下三項會影響買方的價格感受：

①法律、稅制和去年的物價
②大家對飛機材料的渴望程度（即大家有多想製造飛機）
③個人的富裕程度

以下舉三個能夠「提升買方價格感受（購買意願）」例子。

政策①
範例1：建立規則，讓創業家即使失敗，依然能夠輕鬆地重新融入社會。

在一個即使失敗也能重新回到普通公司工作的社會環境中，人們會更有勇氣嘗試新事物。因此，政府必須要提供環境，讓「因為害怕失敗而無法向前邁進」的居民能夠安心開創新事業。

政策②
範例2：在學校開課，教育學生「創業的方法」。

透過在學校教導「銀行貸款機制」和「公司設立方法」等知識，會讓人們起心動念，願意嘗試建立新事業。

政策③

範例3：減稅／發放補助金。

假設狸貓擁有10萬元，今年必須繳交2萬元的稅款，剩下來能夠自由使用的資產，只剩8萬元。

這時，狸貓可能會想：「我願意花3萬元來購買製造飛機的材料。」

如果政府宣布：「今年只需要繳交1萬元的稅款（減稅）」或是「我們發放1萬元給創業家（補助金）」，

狸貓就會想：「我願意花4萬元，來購買飛機的材料費……」

這些政策會讓狸貓更有可能去購買材料，提高製造出飛機的可能性。

◎在現實中的日本，政府「增加就業機會的政策」並未奏效，社會一直處於通貨緊縮的狀態，消費稅甚至還上漲。

◎執行「全民基本收入*」政策，一般認為會和上述政策範例③有相似的效果。（*即每月發給全國民幾萬日圓的少量補助金制度）

◎大象提到「透過降低銀行利息來增加借錢意願」的實際成效，雖然很小，但並非毫無效果，其效果類似於上述物價決定因素①「改變法律、稅制」。

何謂惡性通貨膨脹？

在遙遠海洋的另一端，
有一座叫做「辛巴威」的島嶼。

辛巴威島上有政府、100位居民，以及印製辛巴威貨幣
「Z」的Z元印刷廠。
此外，辛巴威島上有許多外國居民，100位居民當中有
50位是外國人。

居住在辛巴威島上的50名外國人，具備豐富的知識與經
驗，他們生產了許多食物、商品和服務。
我們將1人份的「食物、商品、服務」統稱為1份物資，
而這50名外國人總共生產了100份物資。

**也就是說，辛巴威島上的100人是靠著外國人生產的
100份物資，過著相當豐裕的生活。**

然而有一天，辛巴威政府突然宣布：
「這是屬於本地人的島嶼，外國人都滾出去！」
於是，50位外國人被驅逐離開島嶼。

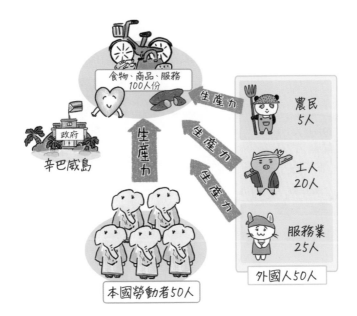

外國人離開後，島嶼立刻陷入混亂。

生產100人份物資的50位外國人一離開，物資馬上短缺。

剩下的50位當地居民試圖自己生產物資，但因為缺乏知識和經驗，所以即使有50名人力，卻只生產出20份物資。

更糟的是，這50人開始搶奪20份物資，原先價值100Z的地瓜，大家紛紛出高價說：「我出500Z買地瓜」、「那我出1,000Z」、「我可以出2,000Z」，使得地瓜價錢越來越高。

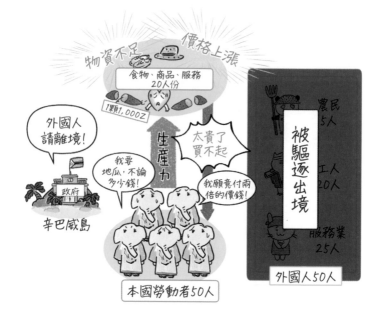

不久，地瓜價格就漲到了 10 萬 Z，
居民們相當悲傷，表示：「地瓜賣 10 萬 Z 實在太貴了。」

辛巴威島的政府聽到居民心聲後，宣布：
「由於地瓜太貴，政府決定多印一些紙鈔『Z』給大家。
這樣一來，大家就能買得起地瓜吧？」

於是，政府開始不斷印刷紙鈔「Z」，然後發給居民。
居民錢包裡的 Z 迅速增加。

然而，「物資只有20人份」的現況並沒有改變，島上因此越來越混亂。大家開始競價，表示：「我出50萬Z買地瓜」、「我出1千萬Z！」、「我出20億Z！」地瓜價格越來越高。

最後，一顆地瓜漲到了100兆Z。販賣物資的人會想：「上星期1顆地瓜賣100億Z，這星期就漲到100兆Z。我不敢收這種貨幣，太恐怖了！」於是，貨幣「Z」變成一無是處的紙片。

◎現實中的辛巴威，曾經在2000～2009年發生惡性通貨膨脹。

◎惡性通貨膨脹的根本原因並非「大量發行貨幣」，而是「物資供給不足」。如果物資足夠提供給所有人，那麼政府即使大量印製貨幣，貨幣也不會膨脹到只剩下紙片的價值。

順帶一提，如果國家發生戰爭且失敗，也會引發物價急遽上升（惡性通貨膨脹）。

戰爭會造成食物、商品和勞動力全數短缺，因此無論買方擁有多少貨幣，賣方都不可能賣出自己生存所需的食物。

物資的價格會持續上漲，使得紙鈔貶值到近乎紙片。

◎最具代表性的惡性通貨膨脹現象（由戰爭引發），包括第二次世界大戰後的日本，以及第一次世界大戰時期的德國。

戰後的景象

物資不足

就算你願意
出高價，但物資就是
不足啊……

多少錢我都願意付，
請給我食物

勞動者都戰死了

價格飆漲

所得理論與通貨膨脹

在現實經濟世界中，物價究竟是如何決定的？有好幾種理論可以解釋，本書則是以「所得理論」（Income Theory）來說明。但是，本書不會再深入探討，因為這必須使用到微積分等困難的數學公式（如果您有興趣，可以掃描p.299的QR碼，瀏覽簡易的說明網頁）。

基本上，物價是根據前述寓言故事中的決定因素①～⑤條件來確定的，大家只要理解到這個程度就足夠了，其中，最重要的概念是**「貨幣供給量的增加，是發生在政府付款之後」**。

舉例來說，當政府規畫了「建造水壩」、「為重大疾病者提供一個月的生活津貼」這類政策後，首先會公開招標，詢問：「有誰能以最低價建造水壩呢？（進行競標）」，然後將建造水壩的工作，交給報價最低（比如8億日圓）的A公司來承包。

接著，政府會針對生活津貼的金額，進行以下討論：「在本國生活一個月大約需要花費多少錢？」、「什麼情況算是重大疾病？」，然後根據過去的物價來決定：「罹患重大疾病者的100人，每個人發十萬日圓」。

最後，政府會開始籌措8億1,000萬日圓的貨幣，然後付款給人民和業者。也就是說，政府是「先決定支付8億1,000萬日圓」，才開始籌措貨幣。

「民間銀行進行貨幣擴張」也是一樣的道理。舉例來

說，當山田先生向銀行借 1,000 萬日圓來買房子時，決策的順序如下：「決定購買房子所以去參觀樣品屋→與賣方談判→確定房子售價為 1,000 萬日圓→向銀行借 1,000 萬日圓（貨幣擴張）」。

同理，現實中物價的決定流程如下：**「消費者決定買東西（有效需求）→與賣方（供給者）談判→決定價格→改變市場上流通的貨幣量」**，也就是說，貨幣量的增減，是發生在決定價格（物價）之後。

當景氣好的時候，越來越多人就會開始創業，並「想以○○元來購買創業所需物資（有效需求）」，結果就會造成通貨膨脹（物價上揚），貨幣量也會增加。

當景氣不好時，也有可能發生通貨膨脹。舉例來說，假設「消費者的有效需求」沒有增加，但是賣方的成本上漲，如：日本無法從俄羅斯等產油國取得原油，導致日本國內的原油相關產品價格上揚，成本上漲使得賣方心中「希望能賣到○○元」的價格也會跟著提升，結果造成物價上漲（這種因原物料價格上漲造成的通膨，稱為「成本推動型通貨膨脹」）。

無論景氣好壞，通膨都有可能發生，因此我們不能夠直接認定「發生通貨膨脹代表景氣好」或者「發生通貨緊縮代表景氣不好」。

通貨膨脹或是緊縮，是買賣雙方交易後決定的結果，是既定的數學事實。

所謂「景氣繁榮」，是指一國「消費者購物需求（有效

需求）增加」的狀態。

政府如果想要增加「消費者購物需求（有效需求）」，就必須要改變以下三項物價決定因素之一：①「法律、稅制和去年物價等社會環境」、②「買方對商品的渴望程度」、③「國民財富狀況」。

其中，最快的方法就是推動大規模的公共事業。

當國家發行國債（發行貨幣）進行公共事業時，國家本身就變成買方，這樣一來，就增加了整體的「購物需求（有效需求）」。同時，還能透過「支付公共事物的費用」將貨幣發送給國民，讓③「國民財富狀況」好轉。

此外，減稅、發放補助金等方法，也能改變因素①或③。

政府透過稅收、支出來影響經濟的手段，就稱為財政政策。

除了財政政策以外，政府還可以透過「制定友善創業者的法律」、「改革教育制度以增加年輕創業家」等方法來改善因素①和②，進而增加長期的「購物需求（有效需求）」。

如果政府成功運用因素①②③，增加「願意創業」、「願意購物」的人數，就能成功引發通貨膨脹，增加銀行的融資量，促使景氣變好。

全民基本收入

「全民基本收入」（Unconditional Basic Income）是指，政府每個月發放固定金額的基本收入給全國國民。這項政策對經濟能否產生良好影響，取決於發放金額的多寡。如果金額過高，對社會來說不是好事；舉例來說，假設政府發給每個人30萬日圓作為基本收入，那麼在短期物價沒有大幅改變的情況下，大家不需要工作就能生活，這將導致勞動人口減少，日本整體的生產能力就會下降。如此一來，供給也會不足，進而導致通貨持續膨脹，直到30萬日圓剛好無法維持生活時，通貨膨脹才會停止、失業者人數不再增加。

另一方面，**如果政府只發放少額的「全民基本收入」，不至於讓許多人選擇放棄工作，那這項政策就能發揮類似「全體國民一起減稅」的效果。**國民的資產會增加，根據前面提到的物價決定因素，這項政策能使③「國民財富狀況」有所好轉，進而提升景氣。

金融政策無效論

近年來，日本央行是根據「貨幣數量學說」（Quantity Theory of Money）來執行金融政策。

針對如何提升景氣，「貨幣數量學說」和前面提到的

「所得理論」看法不同，前者的做法是「增加日圓供給→帶來通貨膨脹→景氣轉好」。

金融政策主要由中央銀行（即日本央行）執行，為了改善景氣，日本央行嘗試增加日圓供應，希望將通貨膨脹率維持在2%左右。其中，日本最著名的金融政策就是「異次元量化寬鬆」和「負利率政策」。然而，以上政策皆未達到目標，日本的通膨率幾乎沒有提升。原因是什麼呢？

「異次元量化寬鬆政策」的主要內容，是日本央行大量發行日幣，購買民間銀行持有的國債。剛開始實施這項政策時，日本央行試圖調整最具代表性的量化指標「貨幣基數」，即日本銀行直接供給全世界的日幣總額（包括：流通現金＋日本銀行支票活存的總額）。

根據當時的經濟常識和「貨幣數量學說」，政府只要增加世界上流通的貨幣總量（貨幣基數），物價就會上升。

日本央行認為：「中央銀行大量發行貨幣給民間銀行，增加貨幣基數後，民間銀行就會投放更多貸款到市場上，這樣一來，市面上的貨幣流通量（貨幣供給量）就會增加，進而帶來物價上漲」（又稱「外生性貨幣供給理論」）。然而，物價實際上並未上升。原因很簡單，如同第2章中所說的，國債幾乎等同於「有利息的日幣」。也就是說，日本央行只是將市面上「有利息的日幣」替換為「沒有利息的日幣」，實際上沒有改變任何東西，因此沒有引發通貨膨脹。

　　如果以「所得理論」來解釋，通膨沒有發生的原因則是③「國民財富狀況」沒有任何變動，因此消費者的行為也不會改變，物價也就不會有任何變化。

　　至於「負利率政策」，則是日本央行希望透過調降民間銀行的融資利率，讓大家因為低利率而開始大量借錢。但是這項政策也沒有效果。利率即使降低了，日本國民仍然不太想跟銀行借錢。

　　我們可以看出，目前為止日本央行的金融政策都不太順利，因此有越來越多經濟學者認為「應該採用所得理論來改善景氣，而非貨幣數量學說」，並且「應該著重執行財政政策，而非金融政策」。

MMT 現代貨幣理論

　　目前為止，本書介紹的內容主要參考現代貨幣理論（MMT, Modern Monetary Theory）。

　　MMT和過去經濟學界的主流經濟學派（Mainstream Economics）在研究方法上相當不同，因此也被稱為「非主流經濟學」。

　　自2010年代起，MMT就在國外引起廣泛的爭議，曾經遭到保羅·克魯曼（Paul Robin Krugman）等經濟學家的反對，日本則是到最近才逐漸關注這個理論。

　　然而，在日本，人們並不真正理解MMT，甚至道聽塗

經濟學系譜

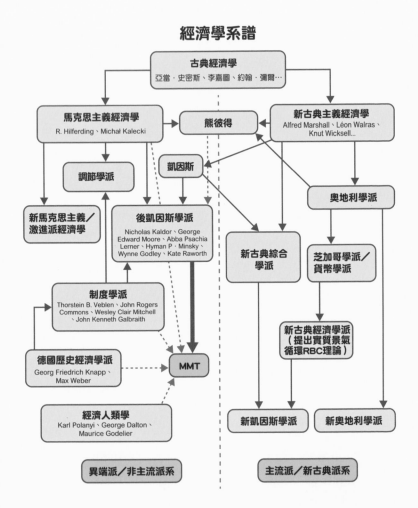

古典經濟學
亞當‧史密斯、李嘉圖、約翰‧彌爾…

馬克思主義經濟學
R. Hilferding、Michał Kalecki

熊彼得

新古典主義經濟學
Alfred Marshall、Léon Walras、Knut Wicksell...

調節學派

凱因斯

奧地利學派

新馬克思主義／激進派經濟學

後凱因斯學派
Nicholas Kaldor、George Edward Moore、Abba Psachia Lerner、Hyman P、Minsky、Wynne Godley、Kate Raworth

新古典綜合學派

芝加哥學派／貨幣學派

制度學派
Thorstein B. Veblen、John Rogers Commons、Wesley Clair Mitchell、John Kenneth Galbraith

新古典經濟學派（提出實質景氣循環RBC理論）

德國歷史經濟學派
Georg Friedrich Knapp、Max Weber

MMT

經濟人類學
Karl Polanyi、George Dalton、Maurice Godelier

新凱因斯學派

新奧地利學派

異端派／非主流派系

主流派／新古典派系

說，認為那只是部分奇怪的經濟學家在主張「政府借款無限制」或者「大量發行國債」可以讓大家過得更幸福。

實際上，MMT是總體經濟學門下的知識體系之一。

正如左頁經濟學系譜中展示的，MMT是從漫長的歷史洪流中，由經濟學者承襲過去的論文，研究並整理出來的理論，並非無中生有的詭異言論。MMT與其他學派之間的紛爭，很類似於以下情況：**「長期以來，地動說與天動說的學者們相互爭論理論的正確性。過去，天動說占了相當長時間的優勢，但近年來大家開始認為『地動說似乎比較正確⋯⋯』」**。MMT在理論體系成形以後，知名度也提升了。

MMT的理論基礎是信用貨幣論及內生性貨幣供給理論（主張只有當國民想借錢時，銀行融資才會增加），屬於非主流經濟學派，與主流派相異之處如下。

	主流派	MMT派
貨幣觀	商品貨幣論	貨幣國家論（信用貨幣論）
貨幣供給論	外生性貨幣供給理論	內生性貨幣供給理論
關於國家財政支出	應該將盈餘作為目標	基本上支持預算赤字（赤字＝發行貨幣）
政府與中央銀行的關係	中央銀行的獨立性相當重要	視為一體，兩者共同運作

以「貨幣國家論（編注：指貨幣的價值源自貨幣發行者的法定主權，也就是國家）」和「內生性貨幣供給理論」作為理論基礎的經濟學家，多半會被稱為MMT派，但他們之間也是意見紛紜。

他們各自以MMT為基礎，發展出了不同理論，如「功能性財政理論（functional finance，編注：指政府財政目標應著眼於達成公共目的等功能性事物，而非收支平衡的健全性。）」、「存量－流量一致性模型（Stock-Flow Consistent，SFC）」、「債務層級理論」等。

順帶一提，我認為「只要能夠正確描述現實情況，不論是MMT或者主流經濟學派的理論，我都願意接受」。在閱讀各種書籍、論文，並與許多專家交流後，我目前認為MMT的理論較為合理，因此本書主要採用MMT來解說經濟如何運作。

惡性通膨

主流派經濟學相當恐懼「發行過量貨幣可能造成惡性通膨」，但這是因為他們誤解了貨幣數量學說中的交易方程式（Equation of Exchange），以為「增加貨幣→通貨膨脹」。

如同前面的比喻故事中說明的，**辛巴威和戰後日本之所以發生惡性通貨膨脹，是因為「生活必需品供給不**

足」。由於物資根本不足，所以不論政府印製多少紙鈔，人民都買不起。

當然，現實中還存在許多物價猛然上漲的案例，例如：投機泡沫（將在第5章介紹）、外幣債務（將在第6章介紹）等等，但每種情況都有其合理的原因。在歷史上，從來就不曾發生「『只因為發行太多貨幣』就無法控制物價上升」的情況。

通膨本身是各種經濟現象的綜合結果，遵循著以下的發生順序：**「買家購物（有效需求）→與賣方（供給者）交涉→決定價格→貨幣流通數量改變」**。當然，如果政府大規模增加支出，使得「有效需求」大量增加，貨幣數量一定也會傾向膨脹，但只會膨脹到政府支出的範圍內，不可能無限制膨脹下去。

CHAPTER

投機與債券

SPECULATION & BONDS

何謂投機泡沫？

原本空無一物的土地，

一旦蓋了新的車站或設施，

居民就會心想「隨著周圍開始設立店家和住家，這裡可能會變熱鬧」，

進而買下車站周邊的土地。

車站一帶變熱鬧的話，想要購買周邊土地的人就會增加，讓土地所有權人可以高價出售。

這類「買低賣高」的行為，就稱作「投機」。

然而，如果所有居民都熱中於「投機」，會導致什麼後果呢？

◎「投機」意指預測商品或資產未來的價格可能發生變動，為了賺取價差而趁低價買入、高價賣出。

◎「投資」意指「購買工作所需要的商品，以在未來賺取利潤」，包含設備投資和先行投資等。本書為了特別強調「（只注重價格而）於便宜的時機購入，再趁高價時售出」，因此統一使用「投機」這個說法。

在遙遠的海洋彼方，有一座叫做「荷蘭」的島嶼。

某天，有人帶了一種稱為「鬱金香」的漂亮花朵的球根來到荷蘭島上。

荷蘭島原本沒有這種花，所有居民都受鬱金香的魅力所吸引。但是鬱金香的球根非常昂貴，只有一部分有錢人買得起。

有錢人把鬱金香種在家中花園的正中央，向左鄰右舍炫耀自己家有多麼氣派。

不久後，擁有鬱金香成為「有錢」的代名詞，有錢人競相收集鬱金香，球根的價格也水漲船高。

其他居民看有錢人這麼風靡鬱金香，心想「如果買進球根再賣給有錢人，應該能賺很多錢吧？」於是不管有錢人、窮人、資產家或農民，甚至漁夫和獵人⋯⋯**所有人都想盡辦法要拿到球根，把球根的價格炒得愈來愈高。**

球根的價格不斷上揚，終於貴到一個球根的價值等同於一公斤的黃金，比荷蘭島上最貴的運河沿岸高級住宅還要昂貴，大約是普通居民50年的收入。

市場上的球根賣完後，居民拿不出「實際的球根」，轉而買賣「預計明年春天會拿到的球根」（稱為「期貨」）。
由於預期「絕對能夠賺錢」，居民無論如何都想拿到球根，許多人甚至把寶石、房屋、土地和家具拿去交換。

理所當然，球根的價格不斷上揚。這種現象是建立在「有錢人純粹以觀賞為目的，而購買價格高昂又珍貴的鬱金香」的前提下。

倘若有一天，荷蘭島上出現「有錢人可能不會再買鬱金香」的傳聞，鬱金香球根的價格想必會一落千丈，再也沒有人買，變得毫無價值。

◎居民過度投機的行為，導致某個商品或資產的價格不斷上漲，甚至超過其應有的價值，此一經濟狀態稱為「投機泡沫」，就像是中間空心的泡泡一樣，隨時可能破滅。

◎一般認為，1637年發生在荷蘭的鬱金香泡沫，是歷史上最早的投機泡沫。

◎通膨是指「整體物價上升」，而泡沫則是「僅限單一種或數種商品的價格上升到超過實際價值」。

另一座100人島「日本」，也曾發生投機泡沫。

某天，島上出現一個傳聞：

「土地的價格從來沒有跌過，所以要買要快，現在只賣1萬元。」

許多居民聽到這個傳聞，想要大撈一筆而開始購買土地。

「花1萬元買下的土地，轉手就能以3萬元賣掉了，明年應該可以賣到5萬元吧。」

「別說5萬元了，根本可以賣到10萬元。」

「現在賣10萬元，明年應該會漲到100萬吧。」

居民聽信傳言，持續買進賣出，原本「價值1萬元左右的土地」因而漲到100萬元。

此時，手上已有一塊地的老虎心想：

「我來跟銀行借100萬元，再買一塊土地吧。」

銀行則盤算著：

「對方是老虎，即使發生萬一，只要賣掉土地應該就能還錢吧。」

於是銀行借了100萬給老虎，而老虎用那筆錢再買了一塊土地。

幾個月過去，土地的價格漲到了300萬，於是老虎賣掉兩塊土地，得到600萬元。

其他居民看在眼裡非常羨慕，心想「我也要模仿老虎的做法」，於是**大家都以土地作為擔保，向銀行借錢。**

結果居民真的都賺到錢。

由於大家都賺錢，銀行也想著「景氣真好！大家都拿土地來擔保吧，我會借錢的！」便開開心心地把錢都借給居民。

物價因此大幅上漲。政府相當擔心通膨問題，便宣布：

「不可以購買超過自己居住需求的土地。」

「銀行不可以借太多錢給『只想靠販賣土地賺價差的居民』。」

聽到政府這樣說，居民不禁慌張起來。

「咦？那麼土地不就賣不出去了嗎？」

這時候居民才恢復理智，不再購買土地。結果土地的價格又回到1萬元。

而還有多餘土地在手上的居民，就因此負債了。

當初老虎向銀行借了1,000萬元，心裡也是想著，即使有個萬一，只要能賣掉土地就沒問題，然而如今就算賣掉土地，也只值1萬元，他只好宣告破產。

何謂居民債券？

某天，麵包公司的老闆想要蓋間新的麵包工廠。

為了湊出必要的資金，麵包公司的老闆以100萬元賣出**「5年後麵包公司會用105萬買回的票券（居民債券）」**，貓熊用現金100萬元買下了這張票券。

麵包公司的老闆等於是向貓熊借了100萬元，並用這些錢蓋了新的麵包工廠。

後來，借錢給麵包公司老闆的貓熊，想要買下紅貓熊預計以100萬元出售的拖拉機。

但貓熊手上沒有現金，於是他問：**「可以用這張『5年後麵包公司會用105萬元買回的票券』來付款嗎？」**

紅貓熊說沒有問題，所以貓熊就用「5年後麵包公司會用105萬元買回的票券」交換拖拉機。

不久後，紅貓熊想跟銀行貸款，他詢問銀行：「可以借我100萬元嗎？」

銀行員看著紅貓熊手上那張「5年後麵包公司會用105萬元買回的票券」，心想：「即使有個萬一，我只要把這張券賣掉，就能把錢收回來。」因此同意借錢，並在紅貓熊的存摺上寫下「100萬元」。

現在，島上能夠作為金錢流通的資產增加了200萬元，其中100萬元是只要收款人同意，就能當作現金使用的「5年後麵包公司會用105萬元買回的票券」，另外100萬元則是紅貓熊向銀行借貸的款項。

所謂「居民債券」，就是「向『非銀行』的某人或單位借款○○元的借據」，而這張價值○○元的借據，能夠作為「金錢（信用貨幣）」使用。

居民債券的數量愈多，負責擔保的銀行借出去的金額也愈高，「能當作金錢在島上流通的資產」總額也隨之增加。

◎我們假設債券是「捶肩膀券」，則債務就是「捶肩膀的義務」，對擁有「捶肩膀券」的人來說，債權就是「叫對方捶肩膀的權利」。

◎債務和債權會同時產生；債券即是證明持有者為債權人的票券。

◎本書將「非向銀行及國家借貸」的債券，一律稱為「居民債券」。一般來說，除了銀行融資、公債以外的公司債等，皆屬於「居民債券」。

換句話說，100人島的貨幣「島嶼幣」、銀行存摺、「5年後麵包公司會用105萬元買回的票券（居民債券）」都是「債券」。

紙鈔（島嶼幣）＝作為稅金支付給國家，以免遭到逮捕的票券。
存摺＝銀行寫在存摺上的數字，就是能獲得相應「島嶼幣」價值的票券。
而這三種債券的**強勢程度**不太一樣。

舉例來說，假設5年後，兔子拿著「5年後麵包公司會用105萬元買回的票券（居民債券）」去問麵包公司，但麵包公司卻無法支付105萬元。
這時候，麵包公司可以向銀行求救。
銀行員會在麵包公司的存摺上寫下「借款105萬元」（融資），麵包公司再把105萬元匯入兔子的帳戶。如此一來，麵包公司便可以暫時安心。

然而，銀行方面卻感到困擾。因為當兔子指著存摺上的105萬元，對銀行員說：「我現在就要領出這105萬元的現金。」

但是銀行的金庫裡正好沒有這麼多現金。
這時候，銀行可以向國家求救。

國家會請貨幣印刷廠發行105萬元，交給銀行。
這樣銀行就能放心了。

總而言之，倘若債券上的債務人無法履行債務，經濟世界就會依照**「居民債券→存摺（匯款）→島嶼幣」的順序，將較弱勢的債券，替換成「更強勢的債券」**，藉此拯救債務人。

反之則辦不到。

對於想從銀行「領出105萬現金」的人來說，就算給他「5年後麵包公司會用105萬元買回的票券」，對方也不可能接受。

畢竟沒有人願意持有無法兌現的債券。

而且，正因為「居民規則」明文規定：「居民若不遵守債券上的約定，將遭到逮捕」，

所以「5年後麵包公司會用105萬元買回的票券（居民債券）」才會具有價值。

歸根結柢，「居民債券」之所以有價值，是基於國家的「逮捕力量」。

同理，國家發行的「島嶼幣」之所以能夠用來償還其他種類的債券，也是建立在國家的「逮捕力量（合法使用暴力的權力）」上。

◎對於銀行來說，存款即是債務，也就是「客戶提領存款時必須交付現金的義務」；而存款人則擁有債權，亦即「無論何時都能從銀行提出現金存款的權利」；而債權人持有的債券，就是存摺。

◎國家以發行法定貨幣（債券），來交換債務（稅金徵收、國民按時繳稅以換取不被政府逮捕）。

◎債權人可以依照「民間債券→銀行存款→國家法定貨幣」的順序，請求債務人履行債務（支付）。反向操作則不成立。「用等級高的債券（信用貨幣）支付等級低的債務」，稱為貨幣等級或貨幣金字塔（Hierarchy of Money）。

---

③ 何謂金融危機？

在100人島上，
政府為了控制「貨幣的最大流通量」。
而制定了以下規範：
「必須有政府許可才能經營銀行。」
「銀行能夠借出的額度有一定的上限。」
「只能把錢借給有能力償還的居民。」

但是，政府針對「居民債券發行量」卻沒有任何限制。
因而讓「鑽漏洞者」（鑽法規漏洞，不從事有益他人的工作卻
賺大錢的人）有了可乘之機，導致相當嚴重的後果。

◎在日本，政府有制定法律嚴格限制銀行的貨幣擴張（指
藉由融資，增加客戶存摺上的數字，以提高貨幣供給量）。
◎另一方面，日本卻幾乎沒有制定相關法律限制民間債務
（公司債等）的發行數量。

在遙遠海洋的另一端，有一座叫做「美利堅」的島嶼。

美利堅島上的居民大多生活富足，
不過其中也有一些相當貧窮的勞動者。

山貓一族就是貧窮的勞動者，他們一直很想擁有自己的房子，但是要蓋房子，就得要去借「美元」。

他們向銀行家斑馬借「美元」，卻得到冷淡的回應：

「根據居民規則，不能把『美元』借給『可能無法償還的人』。」

山貓一族聽了相當失望。

證券商水獺在一旁看見這件事情，他想到一個「好點子」，於是告訴山貓一族：**「我借你們每個人各30萬美元，去購買價值30萬美元的房子。每人每年只要還我1萬美元，分期35年，總共還我35萬美元。」**

山貓一族非常開心地收下每人30萬美元，並在借據上簽字。

山貓一族的借據（居民債券）上是這麼寫的：

「以此票券為據，每年向山貓收取1萬美元，為期35年。如果山貓無法支付，就要賣掉房子來還錢。」

於是證券商水獺支付每隻山貓各30萬美元，拿到山貓一族簽下的借據。

之後，水獺去找能夠評估各種商品價值的保險商青蛙（*編注：在現實世界中，負責評估償還能力的機構是「信用評等公司」）。

水獺問道：「山貓一族的借據價值如何？」青蛙回道：「沒有比這更令人放心的高級兌換券了。即使有個萬一，只要山貓賣掉房子就能還錢。」

當時美利堅島上的房子價格節節攀高，因此青蛙認為：「應該不會有問題吧。」況且，青蛙也想藉此機會招攬水獺這個客戶，所以才誇張地說「沒有比這更令人放心的高級兌換券」這種話。

既然保險商青蛙拍胸脯保證，證券商水獺自然信心滿滿，於是開啟了以下生意：

「要不要購買山貓一族的借據呢？就算放著不管也能自動幫你賺錢！

每張售價31萬美元，保證能兌換到35萬美元！保險商背書：沒有比這更令人放心的高級兌換券，絕對安全。」

水獺做的這門生意，很快就在那些認為「把『美元』放在銀行金庫裡很浪費」的居民和公司之間傳播開來。

於是山貓一族的借據全部賣掉了，水獺成功地「把花費30萬美元買來的借據，以31萬美元賣掉，每張借據賺1萬美元」。

◎「山貓借據」的原型是美國「次級房貸」，此種房屋貸款是以高額利息借款給信用評等低的人。

水獺相當興奮,覺得「賺到啦!」不過他手上的「山貓借據」數量有限,

因此他後來又借錢給那些「怎麼看都不可能還得出『美元』」的超級貧窮山貓。

水獺故技重施,拿到了超級貧窮山貓的借據,打算轉手賣掉。但是超級貧窮的「山貓借據」還是有些令人望之卻步,沒有那麼好賣,**於是水獺動了歪腦筋,將「穩定**

的外國貨幣」、「各種公司的公司債」、「各種公司的股票」等全部裝進袋子裡，然後把超級貧窮的「山貓借據」混入其中，命名為「新手投資組合」來銷售。

當然，保險商青蛙為了和水獺做生意，還是跟之前一樣說超級貧窮山貓的借據是「沒有比這更令人放心的高級兌換券」。

關於販賣這類商品（股票、債券、票券、支票等組合商品），美利堅島有一條居民規則（法律）是「銷售員必須清楚說明商品內容」。但是**「新手投資組合」的內容實在太複雜了，就連銷售員都搞不太清楚。**

因此基本上，銷售員只要在販賣前不管三七二十一地把「超難懂的說明書」念過一遍，就算符合規定了。

雖然連銷售員都搞不懂，對客人來說更加難以理解，但多數人還是認為「應該沒問題吧」，並買下了「新手投資組合」。

水獺的生意愈做愈大，

不管是購買「新手投資組合」的客人，還是證券商水獺、銀行員斑馬、保險商青蛙都賺了錢，美利堅島的景氣愈來愈好。於是其他證券商也開始如法炮製，帶動整體經濟持續成長。

不過，山貓的借據實際上並非「安全的資產」。

大家之所以能安然度過好一陣子，主要是因為美利堅島上的房屋價格由於投機泡沫而持續上漲。

就在投機泡沫崩壞前夕，房子的價格開始下跌了。

一旦房子的價格下跌，那些無法還錢的山貓們，就算把房子賣掉，得到的「美元」還是不足以償還借款。

因此居民之間開始流傳：「山貓的借據真的安全嗎？」

眼看狀況不妙，水獺與其他證券商不禁慌張起來：「山貓借據的價值可能會暴跌。」

於是他們急忙將還沒脫手的「新手投資組合」賣給尚未聽說這個消息的居民。

之後，糟糕的事情發生了。

所有拿著山貓借據的居民都發現「山貓根本付不出『美元』」，因此山貓借據的價值一口氣跌落谷底。

居民紛紛拋售「山貓借據」，這張「高級兌換券」瞬間變成沒人要的廢紙，就連「新手投資組合」都沒人要買了。

更糟糕的是，許多在不知情的狀況下購買「新手投資組合」的公司也紛紛倒閉。

部分勉強將「山貓借據」脫手的證券商撿回一條命，但也有一些大型證券商因為沒賣完而關門大吉，**比如「雷曼兄弟」，那些持有「雷曼兄弟」公司股票和公司債的人各個損失慘重。**

受到這起事件的衝擊，美利堅島的經濟亂成一團，不只是買借據的人，島上所有居民都損失慘重。

虧損的居民轉而責備水獺和青蛙：「你們銷售危險的商品，應該負起全責」、「說什麼『絕對安全的高級兌換券』，根本是騙人的！」但是**水獺表示「我們並沒有違法」，而青蛙則說「『絕對安全的高級兌換券』是我個人的感想而已」，兩者都不願意道歉。**

結果水獺和青蛙不但賺了錢，而且還逃過一劫。

美利堅政府反省這起事件之後，認為「應該要針對『居民債券』訂立相關規則才行」。

◎「新手投資組合」的原型是房貸抵押擔保證券（MBS）和擔保債權憑證（CDO）等。

◎因美國次級房貸風暴而倒閉的公司中，規模最大的證券商是「雷曼兄弟」（Lehman Brothers Holdings Inc.），因此這一連串金融問題又稱為「雷曼兄弟事件」。

◎在這起事件中，證券公司其實是典型的「鑽漏洞者」（不從事有益於他人的工作，只會鑽金融法規的漏洞來賺錢）。但他們確實沒有違反法律，因此證券商和信用評等機構最後都沒有被追究責任。

◎如果不訂立證券化（securitization）和債券化的相關規則，這種金融風暴仍然可能再次發生。

何謂股票？

債券和金錢一樣具有價值，在100人島上，除了債券以外，還有其他具有價值的票券。

其中最具代表性的就是：
「股票＝持有某公司部分所有權的證明書」。

◎債券、股票、商品券、票券、不動產證券等票據一概稱為「有價證券」（Marketable Securities），亦即具有價值的證明書。
◎股票與「捶肩膀券」不同，沒有對應的債務，不能用來交換東西（也沒有如同債券的回購手續），因此不算債券。

那麼，股票是怎麼發行的呢？

發明家貓熊想要設立一間機器人公司。
但他的資金不夠，所以在島上的公告欄貼了張告示：
「我要設立機器人公司。
所有權分為100股，每股100萬元。」
看到公布欄的居民問：「買股票有什麼好處嗎？」
貓熊回答：

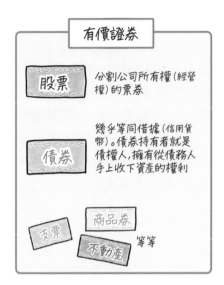

「公司的經營方針將由擁有股票的人進行表決，一股就是一票。」

「只有這樣嗎？」

「擁有股票的人可以用便宜的價格購買公司出產的機器人；如果公司賺錢了，也會分一部分給大家。」

島上的居民聽了，決定購買股票。

貓熊自己保留60股，把剩下的40股以4,000萬元賣掉了。
公司的未來經營方針，將由持有60股的貓熊全權決定。
貓熊老闆用4,000萬元開始製作高性能的機器人。

◎公司為了經營新事業，需要資金來購買土地或設備，可以透過三個方法來獲得金錢，包含「向銀行借錢」、「發行公司債」以及「發行股票」。

◎「（買股票的人）可以用便宜的價格購買機器人；公司賺錢的話會分給大家。」指的是股東配息。但即使沒有配息，股票仍然是分割公司經營權的票券，具有一定的價值。實際上，也有許多股票是不配息的，還是有人會為了投機而買賣股票。

為什麼公司要發行股票？

股票讓公司比較容易獲得資金支持

股票是公司所有權的一部分，只要公司的業績提升，想購買股票的人就會增加，股票就能以高價賣掉。

居民們認為貓熊製造的機器人應該會大受歡迎，所以抱持投機的心態買賣股票。

大家觀察「買低賣高」的時機，開始買賣機器人公司的股票。

剛開始，貓熊老闆的心情還會隨著股票價格起伏：

「1股的價格漲到150萬元了！」

「1股的價格跌到只剩50萬了！」

但後來他發現：

「無論股票多少錢，都跟我沒關係啊。」

持有60股的貓熊老闆，在經營會議上占據優勢，其他40股無論是誰持有，對公司都沒有影響。

不僅如此，其他40股無論賣多少錢，機器人公司都拿不到半毛錢。

要是哪天貓熊決定「我不當機器人公司的老闆了」，那麼他手上持有的60股能賣到多少錢就很重要，不過只要他繼續自己經營公司，剩下的40股無論價格多少都和他沒關係。

某天，1股跌到了5萬元，員工狗狗說：

「股票這麼便宜，公司可能會被搶走啊。」

貓熊老闆則回應：

「我絕對不會賣掉手上的60股，請大家放心。」

某天，1股漲到500萬元，員工老虎說：

「如果現在發行新的股票，發行10股就能賺到5,000萬元呢。」

貓熊老闆聽了，雙眼發亮：「確實是這樣呢！」

如果發行10張新的股票，賣掉就能拿到5,000萬元了。

而且即使其他居民合計持有50股，貓熊老闆持有60股，在會議上表決仍然不會輸掉。

於是，貓熊老闆馬上著手發行10張新的股票。

但是員工狗狗表示反對：

「我持有公司股票20股，老虎有19股，如果他買下2股，就比我多了。」

狗狗一直盤算著等到貓熊老闆退休，自己買下他手上的股票，就能當老闆了，因此無論如何都想保有持股較多的優勢。貓熊聽了以後，決定不發行新的股票了。

畢竟貓熊現在不缺錢，他不想和員工狗狗吵架。

公司以外的人買賣股票

股價提升或跌落時

① 公司被收購的難易度不變

熊老闆只要持有50%以上的股票,就能安心

② 不影響公司調度資金的能力

公司不可能一直發行新股票,因為大家的持分會降低

③ 公司的資金不會變多或變少

股價不會影響公司的獲利

公司　　老闆

結論:買賣股票只是轉移所有權

股票

◎一旦發行新的股票，股價和股票持分都會降低，因此股東並不喜歡這種情況。而發行新股票需要股東同意，所以很難實行。另外，不樂見發行新股票的股東可能會把自己的持股賣掉，導致敵對企業趁機收購，風險相當高。

◎公司除非是要投資確定能夠獲利的設備，否則不會發行新股票。不過，如果真的能夠大量獲利，公司可以選擇直接向銀行借錢。

由貓熊的機器人公司帶頭，
日本島上吹起發行股票的風氣。

現在100人島上，
有90人熱中於買股票投機。
而這90人當中，
又有30人僅靠投機就能過活。

但這種狀況對於島嶼整體來說並不太好。
100人島上，共有100位居民分擔工作，打造出眾人所需的食物、商品和服務。
如果100位居民當中，有30位光顧著投機，製造大家所需食物、商品和服務的居民就只剩下70位了。

這30位熱中投機的居民，除了買賣紙張（股票）之外，完

全沒有從事其他生產。

不用說，100個人一起勤奮工作的島嶼，當然會比只有70個人工作的島嶼來得豐饒。

◎有人對投機是抱持正面態度的，認為「投機者在股票市場及匯兌市場中可以防止價格急遽變動、具有金融中介的功能」。然而，就算如此，這項工作和角色其實無須由民間的投機者擔負，可以引進國家主導的新架構來解決金融市場上的問題。

投機泡沫

「投機」是指僅僅著眼於價格，為了賺錢而買賣的行為。

而「投機泡沫」就是「為了投機賺錢而反覆買賣土地或球根等特定商品，導致該『商品』價格上漲的幅度超過經濟成長的幅度，並且逐漸與實體經濟（Real Economy，以滿足人類真實需求為目的，且價格與具體價值成正比的經濟活動）脫節，最後陷入僅靠投機無法支撐的狀態」。

「適當價格」可以透過個人觀感判斷，只需要問自己：「如果這樣商品無法轉賣，我願意花多少錢購買？」不過，說實話，商品的適當價格其實沒有任何人能夠確定。假設蘋果一顆50元，你覺得這是適當的價格嗎？答案因人而異，所以**大眾過剩的期待就會引發毫無根據的風潮，導致投機泡沫。**

投機泡沫會讓某樣商品的價格上漲到不合理的高價，然後暴跌，造成經濟不景氣。不僅如此，還會導致「鑽漏洞者」如雨後春筍般冒出來，也會拉大貧富差距。

這是什麼意思呢？以日本的泡沫經濟為例。

假設山田先生持有土地，但是沒有工作。那塊土地原先適當的價格是100萬元，而他趁著投機泡沫的時機，在土地漲到10億元後賣掉。

雖然山田先生對他人完全沒有貢獻，也沒有生產任何東西，卻成為擁有10億元的有錢人。與此同時，卻有許

多人領著最低薪資，從事看護、照護、保育等工作，這些人明明對他人更有實際貢獻，收入卻不如擁有10億元的山田先生，這就是國家系統的缺失。

當事人就算並非刻意為之，還是可能會像山田先生這樣，一不小心鑽了「國家體制的漏洞（足以引發投機泡沫）」而賺錢，成為「鑽漏洞者」。

這樣的現象至今仍屢見不鮮。2021年，由於新冠疫情造成實體經濟低落，但全球股票市場卻持續長紅，因此發生投機泡沫的機率更高。

根據彭博億萬富翁指數（Bloomberg Billionaires Index，評量富有程度的指標），2021年11月美國電動車廠商特斯拉（Tesla）執行長馬斯克（Elon Reeve Musk）的個人資產達到前無古人的3,400億美金。他的資產在2021年7月還只有1,800億美金左右，短短4個月就增加這麼多，是因為他持有的股票價格迅速上漲。

才4個月，資產就增加1,600億美金，就算馬斯克在工作上表現優異，這1,600億美金（以本書日文版出版時匯率換算，約為18兆日圓＝年收入400萬日圓的日本人工作450萬年的金額）也非他本人努力工作4個月得來的，完全可以說是投機泡沫的成果。

這類例子不勝枚舉，只要查一下大富豪的個人資產就會發現，大部分的富豪都有相同的經歷：手上持有的股票因投機泡沫而價格飛漲，個人資產也隨之暴增。當然，這並不是富豪的錯，而是國家體制上的漏洞。

貨幣並非神仙工具，不能自動調節平衡。**如果國家一味放任自由市場，很容易引發投機泡沫，導致經濟不景氣並擴大貧富差距。**

正因如此，政府和公家機關必須修正交易法規、中央銀行要介入市場、或者修正政策來調整利率和稅制，打造出一個足以防範投機泡沫的架構。

或許有人會問：「社會需要投機者嗎？禁止投機的話又會如何呢？」這個問題實在很難回答。有人認為「只注重價格、買低賣高的投機者，是能促使金融市場流通的媒介」。

另一方面，也有人認為「投機者具備這樣的功能，是由於目前法規有漏洞，實際上金融市場並不一定需要由他們擔任媒介。考量到可能產生投機泡沫的副作用，最好還是不要有投機者」。社會究竟需不需要投機者，至今仍沒有定論，大家不妨思考一下。

不過，投機泡沫的問題確實存在，因此國家需要採用法規限制等方式，打造一個足以控制投機行為的架構。

虛擬貨幣

近年來，虛擬貨幣大行其道，雖然有著「貨幣」之名，卻沒有「貨幣」之實，也就是缺少「作為稅金繳納」的用途（償還手續），因此不能算是信用貨幣（或債券），只是

單純的商品（資產）。

虛擬貨幣也不像一些商品貨幣，具備實際功能，例如「鹽」這類商品貨幣能夠拿來烹調，或者「純金」可以作為工業用途。

一般認為，虛擬貨幣是「以電腦附加上難解的密碼之後，創造出來的東西；因為數量相對稀少而具有價值」。但是「稀少」本身無法成為「有價值」的理由。假設我辛辛苦苦在一張簽名板上寫下圓周率，直到小數點後一萬位數，即使這是世界上獨一無二的東西，基本上還是沒有任何價值。

虛擬貨幣的價格之所以會高漲，基本上是投機造成的。

假設現在這一秒，產生了一種新的虛擬貨幣叫做「逼逼比特幣」。但這種貨幣只能拿來觀賞，沒有其他用途，除了具有「未來價格可能會上漲，轉手就可以賺錢」之投機目的，否則你並不會想要擁有它。**如果買家覺得「即使法律禁止投機，只要賣○○元我就還是想買」，那麼這個價格對買家來說，就是「適當價格」。**

如今虛擬貨幣會具有價值，是因為一部分名人表示：「未來是虛擬貨幣的時代，以後價格一定會上漲，大眾也會使用。」相信這些言論的人紛紛加入投機虛擬貨幣的行列。然而，由於虛擬貨幣是比較嶄新的概念，目前在法律上還缺乏管理機制。

證券化（債券化）

在本章第2節中，為了能更簡單明瞭的解說，我假設債券一定會伴隨債務與債權產生，但實際上，要取得債券，必須經過「證券化」這道手續。

假設太郎向花子借了100萬元，在這個過程中一般只會產生「債務」（太郎必須返還100萬元的義務）和「債權」（花子有拿回100萬元的權利）。

太郎必須將花子的債權以證明書的形式發行，才會產生「債券」（能從太郎那裡拿回100萬元的票券）；這個過程就稱為「證券化」。

債權一旦「證券化」，債券就可以當作「信用貨幣」來輕鬆交易。

而買賣債券來賺錢的行為就是證券交易。

法定貨幣的發行量是由國家管控的，民間銀行的貨幣擴張也經由《銀行法》受到國家嚴格限制。

但是，經由證券化產生的「信用貨幣」（債券），卻幾乎不受國家限制。

證券交易自1970年代起快速發展，法律幾乎跟不上腳步，而證券交易失控的結果，就是2008年雷曼兄弟事件（美國次級房貸風暴）帶來的全球經濟嚴重衰退。

雷曼兄弟事件是由於「鑽漏洞者」鑽法律漏洞，明明知道那些人無法還錢，卻依然「把錢借給他們，又將債權證券化之後到處銷售」所造成的。

雷曼兄弟事件之後，製造業等多數支撐實體經濟的企業也受到重大傷害，導致許多人失業、消費停滯，為全體人類帶來相當大的負面影響，然而卻有許多證券公司的員工大賺特賺，完全沒有損失。

受害者都是貧困階級和中產階級的人。許多人失業，600萬人失去房子，由美國政府負擔的「次級房貸」相關損失，總額據說高達1兆美金。

最後這起事件是由政府發行貨幣來救助那些無力償債借款的人，換句話說，部分證券從業人員從風暴中獲得了許多錢。

當年的證券公司為了自身的利益，將那些明知道會虧損的商品賣給缺乏金融知識的人。

他們明明知道違約風險極高，卻還是為了自己的利益而銷售那些東西。但前文提過很多次，「鑽漏洞者」只是在法規允許的範圍內將利益最大化，因此並沒有太過重大的責任。

說到底，問題還是出在政府採取了錯誤的貨幣寬鬆政策，導致法規容許這些「鑽漏洞者」存在。事實上，美國證券交易委員會（SEC）和艾倫·葛林斯潘（1987～2006年擔任美國聯準會〔Federal Reserve System〕主席；聯準會等同是美國的中央銀行）也承認，過錯在於「政府的法規有誤，以及貨幣寬鬆政策的問題」。

不可能每個人都擁有高尚的情操，因此最重要的是整頓國家體制，讓人民不想做不道德的事。

　　如今由於網路發達，法規無法針對金融市場上快速擴張的事物一一加以限制，導致漏洞百出。就算不斷增加限制，也因為科技發展日新月異，三不五時就得面對像是虛擬貨幣這類全新的金融商品，想必未來「修正規則vs.鑽漏洞者」這類貓捉老鼠的情景仍然會繼續發生。

　　即使如此，我們還是不能放棄建立「針對工作重要程度（對他人的貢獻多寡）收受適當價格的系統」，政府將來也應該持續填補金融業務的法規漏洞。

CHAPTER

6

貿易與匯兌

TRADE & EXCHANGE

1 開始貿易吧
（不使用金錢的情況）

海洋上有兩座島，分別是「日本島」和「美利堅島」。
兩座島上都有政府、農民、工人、服務業和公務員。
他們互相不知道彼此存在。

有一天，美利堅島民搭著船來到了日本島，於是兩座島
嶼的居民開始往來。
美利堅島民想要日本島民身上的T恤。
碰巧日本島民也想要美利堅島民所穿的T恤。
於是兩人交換了T恤。
這個交換行為，稱為「貿易」。

◎國家與國家之間的商品交易，稱為「貿易」。

接下來，我們來談談外匯交易（國與國的金錢交易）。
然而，假如兩座島都沒有「金錢」，他們該如何貿易呢？

自從交換T恤以來，日本島和美利堅島的交情變好了。
**兩座島嶼開始交流，兩邊居民都「想要對方島上的食
物、商品和服務」。**

比方說，有日本島民想要美利堅島的「手機」、「藥品」和「小麥」；美利堅島居民則想要日本島的「小型汽車」、「遊戲機」和「壽司」。

為了方便理解，以下將日本島生產的食物、商品、服務統稱為「日本車」；美利堅島生產的食物、商品、服務則統稱為「美國車」。

兩座島上都有一部分人表示：「我想要對方島上的東西。」其他人則表示：「如果可以輕鬆取得商品，我也想要。」把這兩者加總起來，幾乎就是全體島民。

因此，兩座島的代表討論後，決定：「就讓島民們自由

日本島100人　　　　　　　美利堅島100人

討論，決定該如何交換『日本車』和『美國車』吧。」

兩座島嶼展開融洽的交流，大家都能夠在彼此接受的條件下，「交換到」想要的東西。

但是某天，兩座島出現不同的意見，有日本島民表示：「我願意接受2台美國車換1台日本車」；美利堅島的居民則說：「我願意接受3台日本車換1台美國車。」

此時，究竟該用哪種比率（匯率）來交換日本車和美國車呢？

決定的方法如下。

假設，現在日本島的100個人當中，
有15個人「想要美國車」。
1個人願意用3台日本車換1台美國車；
2個人願意用2台日本車換1台美國車；
3個人願意用1台日本車換1台美國車；
4個人願意用1台日本車換2台美國車；
5個人願意用1台日本車換3台美國車。

其中，「願意用更多日本車來交換」的人比較少，「願意用更少日本車來交換」的人比較多。

而美利堅島民的想法正好相反。
美利堅島100個人當中，也有15個人「想要日本車」。
1個人願意用3台美國車換1台日本車；
2個人願意用2台美國車換1台日本車；
3個人願意用1台美國車換1台日本車；
4個人願意用1台美國車換2台日本車；
5個人願意用1台美國車換3台日本車。

在這個情況下，鱷魚詢問兩邊島民：
「有沒有人願意用1台日本車，交換3台美國車？」
此時，日本島有15個人舉手，美利堅島則只有1個人舉手。

「日本島15人」對「美利堅島1人」，這表示交換條件過分偏袒日本島。

於是，鱷魚又問：「有人願意用2台日本車，換1台美國車嗎？」

日本島有3個人舉手，美利堅島則有10個人舉手。

「日本島3人」對「美利堅島10人」，表示條件對美利堅島大大有利。

如此來回調整，直到鱷魚詢問：「有人願意用1台日本車，換1台美國車嗎？」

日本島和美利堅島剛好各有6個人舉手，大家便和樂融融地進行交換。

如此一來，交換比率就確定為「1台日本車＝1台美國車」。

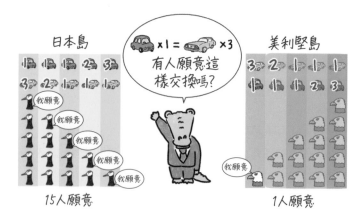

日本島

有人願意這樣交換嗎？

15人願意

美利堅島

1人願意

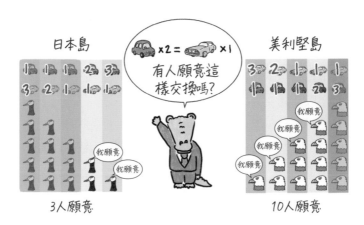

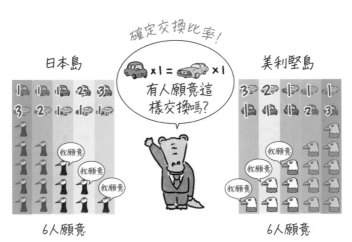

開始貿易吧
（使用金錢的情況）

如果兩座島不是以物易物，
而是以金錢交易，又會如何呢？

此時，日本島的貨幣「日圓」和美利堅島的貨幣「美元」
登場了。
我們先假設「想要美國車」的日本島民人數，
和「想要日本車」的美利堅島民人數幾乎相同
（「日圓」和「美元」只是計價工具，無論存在與否，不影響大家
「想要」的程度）。

食物、商品、服務
100人份

美利堅島100人

國家
（分配系統）

美元

公務員
20人

農民
10人

工人
40人

服務業
30人

先前確定的交換比率「日本車1台＝米國車1台」，也維持不變。

在日本島，日本車一台賣「100日圓」，

在美利堅島，美國車1台賣「1美元」。

如果「1台日本車」和「1台美國車」

是合適的交換比率，

那麼「100日圓」和「1美元」

也就是合適的貨幣交換比率（匯率）。

日本島
1台車100日圓

美利堅島
1台車1美元

日本島100人

匯率
1美元=100日圓

美利堅島100人

用這個
比率來交換
金錢吧！

◎在此，我們暫時假設沒有島民會為了利息或投機目的而交換貨幣。

為了便於理解，
我將交易簡化為「日本車」和「美國車」來說明，
但實際上每個人想要的
「對方島上的食物、商品、服務」各自不同。

假設有日本島民想要美利堅島製造的「手機」，
他找到想要日本島「壽司」及「模型」的美利堅島民進行交涉，
討論 1 支「手機」可以各別交換
多少「壽司」和多少「模型」，
這類交易如果必須一一討論，會花費太多時間。

但是，透過「日圓」和「美元」，交易就變簡單了。

**金錢正是「可以媒介不同價值商品、
非常方便省時的交易工具」。**

匯率是如何變動的？

「100日圓＝1美元」的交換比率（匯率）
會隨著兩座島的商品內容、服務品質以及稀有度而不斷變化。

比方說，如果日本車的品質提升了，想要日本車的人就會增加。

此時，原先的交換條件
「1台日本車，交換1台美國車」，
會變成「1台日本車，交換2台美國車」、
或是「1台日本車，交換3台美國車」。
同時，匯率就會變為「100日圓＝2美元」、
「100日圓＝3美元」。

另一方面，假如美國車的產量減少了，
此時「願意用美國車交換日本車」的美利堅島民也會減少。

這樣一來，
交換條件可能會變成「2台日本車，交換1台美國車」，

或是「3台日本車，交換1台美國車」。

匯率就會變成「200日圓＝1美元」，
或是「300日圓＝1美元」。

也就是說，兩座島之間的交換條件，
會因為以下情況而改變：
「對彼此島上商品的感興趣程度」、
「提供自己島上商品的意願高低」。

「日圓」與「美元」的交換比率（匯率），
就是以數字形式來表現交換條件，
並透過金錢這項方便的工具來做交換。

◎100日圓＝1美元→2美元→3美元……諸如此類的變化，
表示100日圓的價格上漲，在日文中稱為「日圓升高」或
者「美元降低」（編注：在台灣則稱「日圓升值」或「美元貶值」）。
1美元＝100日圓→200日圓→300日圓……代表1美金的
價格提升，因此稱為「美元升高」或「日圓降低」（編注：
在台灣則稱「日圓貶值」或「美元升值」）。

除了「對彼此島上商品的感興趣程度」
以及「提供自己島上商品的意願高低」以外，
還有一個因素會影響交換比率。

那就是「物價變動」。

假設日本島的物價上升（通貨膨脹）。
去年1台日本車賣100日圓，
今年1台要賣120日圓。

這時，兩座島的交換比率會如何變動呢？

假設去年「符合雙方條件的交換比率」是
1台日本車＝1台美國車（100日圓＝1美元），
而今年日本車、美國車的品質及數量不變，日本島及美利堅島民
對彼此島嶼商品的「想要程度」也都不變，
那麼「符合雙方條件的交換比率」
仍然是1台日本車＝1台美國車（100日圓＝1美元）。

但是兩座島的物價已出現變化，
分別是「1台日本車120日圓」
以及「1台美國車1美元」，
此時交換比率就會變成「120日圓＝1美元」。

◎上述範例所假設的物價變動較小，並且預設沒有人進行投機交換。實際上，為賺取利息和投機目的所帶來的貨幣需求，會造成匯率大幅度變動。

假設有一座無人島，島上設有一個外匯市場，世界上所有島嶼的銀行負責人都聚集在此，進行所有島嶼之間的貨幣交易，決定世界上所有商品的交換比率。

想交易金錢的銀行員會提議：

「我希望用100億日圓交換『美元』，匯率是1美元＝101日圓，有人接受嗎？」

接受交易條件的銀行員就會舉手。

一旦交換成立，

最新的匯率就是「1美元＝101日圓」。

如果沒有人舉手，銀行員可以放棄，也可以再次詢問：

「如果是1美元＝102日圓，有人接受嗎？」

像這樣持續調整匯率，直到有人舉手。

外匯市場就是這樣決定交換比率的。

雖然在外匯市場上，是由銀行員代表島嶼進行交換，

面對的是全世界所有島嶼，

但銀行員做的事情，基本上和日本島與美利堅島之間的交易並無不同。

實際上，就是**大家針對彼此島嶼上的食物、商品、服務，進行「符合雙方條件的交換」。**

◎「外國匯率市場」區分為兩種，一是銀行對企業或個人進行貨幣買賣（外匯交易）的「顧客市場」，以及銀行之間交易貨幣的「銀行間市場」。

◎機場等規模較小的換匯處，會以「固定匯率」來換匯。這類地方的交易量通常相當小，不會影響外匯市場，因此匯率的設定方式是參考外匯市場上特定時間的行情。即使看板上寫著「100日圓＝1美元」，這類換匯處也不可能接受1兆日圓的換匯。即使有人真的帶了1兆日圓過去，也會因為沒有那麼多美元可換而被拒絕。如果要換1兆日圓，交易者只能在外匯市場上尋找交換對象。

在外匯市場（全世界的貨幣交易中心）中，什麼情況下日本島的貨幣「日圓」會升值呢？

當每座島的物價發生變動時（比如1台日本車從100日圓，上升至120日圓），有三種情況會使得日幣升值。

①日本島的商品在國外暢銷時

日本汽車廠商在美利堅島銷售汽車時，美利堅島民會以「美元」付款。

但是，日本車廠的員工是在日本島工作，所以薪水必須用「日圓」支付。因此，日本的車廠會到外匯市場說：「我要把這些『美元』換成『日圓』。」

當「將其他貨幣換成日圓」的需求增加時，就會造成日圓升值。

日圓升值情境①

日本島

美利堅島

我要付薪水給日本員工，所以想把「美元」換成「日圓」

我好想要買日本島的東西

日本島的商品在國外暢銷時

②日本島的政治穩定時

「期盼安穩」的人會購買「日圓」，因為在動盪不安的島嶼，有錢人就算擁有很多島上的貨幣，仍會擔心「萬一政府倒台，這些鈔票就會變成廢紙」，而感到不安。政府必須「有能力逮捕未以貨幣繳稅的人」，才能夠保障貨幣的價值。

因此，如果世界上各島嶼公認「日本島和平又穩定，把金錢換成日圓就能夠安心」，日圓就可能會升值。

日圓升值情境②

和平

日本島和平又穩定，把金錢換成日圓我比較安心。

富人

日本島的政治穩定時

③持有日圓可能賺錢時

當其他島嶼的居民認為「日本島真厲害，將來日本島產品會更暢銷」時，就會預期日圓未來會因為情況①而升值。此時只要持有日圓，等到未來升值時再換回原本的貨幣，就能賺錢，因此會有更多人要求「把其他島嶼貨幣換成日圓」，推動日圓升值。

日圓升值情境③

日本島的技術發展真厲害！

持有日圓能夠賺錢！

日本島生產的東西之後會更暢銷！

投資者

持有日圓可能賺錢時

最後，日圓的匯率還跟「各島貨幣的利息」相關。

比方說，如果把「日圓」存在日本島銀行裡，利息比「E元」存在EU銀行裡更高時，大家會認為「把貨幣換成日圓存起來，會賺比較多」，因此也可能推動日圓升值。

以上說明聽起來有點複雜，
但基本上，只要「日本島和平」，
並且「日本島出產出大家都想要的好東西時」，
就會有更多人想要日圓，
帶來日圓升值。

◎辛巴威發生惡性通貨膨脹時，該國貨幣在外匯市場的價格也暴跌。由於辛巴威國內物資不足，用辛巴威幣買不到任何東西，辛巴威政府失去信任，國內治安也相當差，因此幾乎沒有外國人想要持有辛巴威幣。

4 大量發行貨幣
會如何影響匯率？

日本島政府會委託「日圓印刷廠」（日本央行）印刷日圓。
新的日圓印刷出來後，貨幣總數增加，就會影響「日圓
與美元的交換比率（匯率）」。

如果日本島發行了大量的日圓，會發生什麼事情？

假設現在日本島上100人，每人每年賺1萬日圓，每年繳
納1千日圓稅金；
而且所有人都擁有「3台日本車和10萬日圓」的資產。
目前的物價是1台日本車100日圓。

某天，日本政府忽然宣布：「政府將每年發給每個人100
億日圓。同時，每年稅金調整為10億日圓。」大家的資
產忽然增加了，稅制也改變了，使得物價飛速上漲。

此時，日本島上所有人都擁有「3台日本車和100億日
圓」。
當每個人都擁有100億日圓時，日本島民就不願意再以
100日圓的價格出售日本車，使得日本車的價格漲到1億
日圓（通貨膨脹）。

那麼，「日圓」和「美元」的交換比率又會如何變動呢？假設兩座島上，日本車和美國車的數量及品質、想要日本車和美國車的人數，都維持不變，只有日本車價格變成1台1億日圓。

「1台日本車交換1台美國車」的「適當交換比率」也維持不變。

因此，**匯率變為「1億日圓＝1美元」。**

事情還沒有結束。

如果物價出現這樣大的變動，日本島的「政府信用」將會受到質疑。

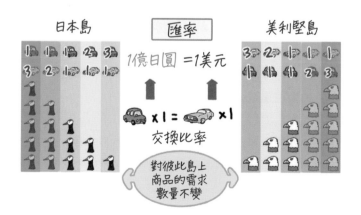

美利堅島民會生氣地說：「我去年用1萬美元換了100萬日圓，但現在100萬日圓買不到任何東西！」也會有人認為：「日本政府竟讓物價暴漲100萬倍，他們發行的貨幣太可怕，我再也不要持有『日圓』了。」

匯率原本應該穩定在「1億日圓＝1美元」，但現在很可能跌到更糟糕的「5億日圓＝1美元」。

這種狀態就是「外國對於日圓（發行該貨幣的日本島政府）信用度降低」。
信用降低除了會導致匯率變差，兩國還可能發生爭執，甚至不再往來。

即使如此，日圓的價值也不會變成零，
因為「日本島民如果不用日圓付稅金，就會被逮捕」。

即使對全世界來說，「日圓」已經不具價值，但是對於日本島民來說還是有價值的。

此外，如果兩座島嶼繼續往來，只要「日本車」的品質依然很高，美利堅島民仍然想要購買，那麼對於美利堅島來說，「日圓的價值」也不會完全降到零。

過了一段時間以後，美利堅島民也就沒有那麼生氣了。

「日本島政府忽然發100億日圓給居民時，真是太讓我震驚了。」

「日本島政府也有反省，承諾『不會再胡亂發錢』，以後應該不會再發生吧。」

美利堅島民們如此談論著，等日本政府的信用恢復以後，匯率不知不覺又恢復到原先的「1億日圓＝1美元」。

無論日本政府發行了多少貨幣，只要日本島上的商品和服務的「品質」沒有改變，賦予日圓價值的日本政府也沒有崩潰，日圓就能持續存在。

◎政府在短時間內發行極大量貨幣，必定會大幅影響匯率。然而，只要日本政府沒有崩潰，日幣的價值就不會歸零。

◎現實中的日本雖然持續發行貨幣（累計發行國債約1,000兆日圓，日本央行持有其中約500兆日圓），但這些貨幣是逐年慢慢發行的，所以不會造成問題。

◎實際上會影響匯率的因素，主要是進口、出口、變更關稅規則，以及為了賺取利息的投資（投機）行為。

接下來，我們來思考一下：

日本島可以透過發行日圓，從美利堅島上獲得利益嗎？

美利堅島可以透過發行美元，從日本島獲得利益嗎？

以及，日本島與美利堅島交流時，

「日本政府能否透過發行日圓，為本國創造任何利益？」

舉例來說，美利堅島有間超級棒的公司叫做「GAFA」
（編注：即現實世界中的美國四大科技巨頭公司Google、Apple、Facebook、Amazon）。

GAFA公司將所有權分成100股，每股一票，以投票表決方式決定經營方針。

如果某位居民持有51股，他就擁有51票，在多數決的情況下他一定會獲勝，那麼GAFA公司等於由他掌控。

日本島的島民大象發現這件事情，他提議：

「我們可以讓日圓印刷廠發行很多日圓，來購買51股『GAFA股票』，把GAFA變成日本公司。」

「說得容易，執行起來可不簡單。」

長頸鹿說：

「我們要通過四個難關。」

1、收購GAFA需要買非常多「美元」，可能造成「日圓貶值」。

GAFA公司的股票只能用「美元」購買，所以日本島必須先在外匯市場購買「幾兆美元」。如此一來，就需要大量賣出「日圓」。買越多「美元」，將會造成1美元＝100日圓→200日圓→300日圓，日圓的價值會越來越低。

2、股東可能不願賣股票。

無論出多少錢，只要GAFA的股東不賣股票，日本島就拿不到足夠多的股票。

而且實際上，GAFA公司的老闆自己就持有51%以上的股票，只要他「絕對不賣」，就無法完成交易。

即使老闆的持股不足51%，其他股東還是有可能反對他國收購。

日本島想要購買51%股份，將會需要非常多「美元」。

3、日本島的超棒公司可能反遭收購。

為了購買美利堅島上價值相當高的「GAFA」，必須取得夠多的「美元」，也等於把大量的「日圓」釋放到外匯市場，這表示美利堅島可以買到足以收購「日本島大企業」的大量日圓。

4、就算成功收購，可能也無法順利經營。

就算成功買下GAFA公司，這間公司終究位於美利堅島，員工也都是美利堅島的島民。

如果日本島的經營者忽然現身，說：「我收購了這間公司」，員工不一定會願意繼續工作。

更重要的是，日本島光是宣布：

「我要發行日圓來買GAFA公司！」

「看！我收購了51股！」

就足以激怒美利堅島政府，強制規定：

「其他島嶼政府所進行的敵對收購，其購買的股票無效。」

同時，美利堅島也將拒絕再與日本島交流。

一旦美利堅島政府這樣宣布，收購就必定失敗。

畢竟美利堅島是由美利堅島政府制定規則並加以管理的。

聽完這四個難關，

大象放棄了收購GAFA公司的計畫。

所有的外匯交易和貿易，

都有賴於島嶼間「良好感情」才能成立。

無論收購過程有多順利，

只要失去了對方政府的信任，

結果必定得不償失。

◎中央政府過度介入匯率市場稱為「操縱匯率」，屬國際間公認的「不良行為」。為了避免政府過度干預，IMF（國際貨幣基金組織）會進行監察。

5 什麼是關稅？

日本島與美利堅島透過日圓和美元，
購買彼此島上的東西。

有一天，日本島的農夫說：
「美利堅島的地瓜便宜又好吃，導致日本島的地瓜都賣
不出去。」

當時，日本島的地瓜銷售價格是：
「美利堅島地瓜＝50日圓」
「日本島地瓜＝100日圓」

**美利堅島的土地和氣候適合栽種地瓜，所以比起日本
島，更容易生產出好吃的地瓜。**

長久這樣下去，農民開始想：
「在日本島上種地瓜根本無法維生，我還是換其他工作
吧。」
日本島將因此失去種地瓜的農民，
日本產的地瓜也會完全消失。

日本島政府發現：
「這個問題很嚴重。」

萬一日本島跟美利堅島吵架，
對方可能會說：
「我們再也不跟日本島往來了。」
或者某年美利堅島地瓜歉收，他們可能會說：
「今年只生產出足夠美利堅島吃的分量，沒辦法賣地瓜
給日本島。」
這樣一來，日本島將缺乏地瓜，大家都會餓死。

因此，日本島政府制定了一條新規則：
「進口美利堅島地瓜的人，
每顆地瓜要支付100日圓給政府。」

在日本島賣美利堅地瓜的人心想：
「每顆地瓜都要支付進口費100日圓，
那我得賣100日圓以上才不會虧損。」
因此美利堅島地瓜的價格上漲到150日圓。

美利堅島地瓜價格上漲後，日本地瓜的銷售狀況變好
了，
日本島的農民終於鬆一口氣，
說：「太好了，這樣我就能繼續安心種地瓜。」

同時間，美利堅島也有類似的狀況。

跟美利堅產的車子相比，日本產的車子既便宜、性能又好。

長久下來，美利堅島沒有人願意製造汽車了，

於是美利堅島政府也規定：

銷售日本島的車子要支付「進口費用」。

◎進口費用即關稅。現實中，許多商品都需要支付關稅。

◎所謂自由貿易協定（比如跨太平洋夥伴協定TPP等），就是指「取消所有關稅」。核心思想為「每個國家各自製作擅長的商品，才能提高效率」、「透過自由貿易，讓資金自然流向最適當的地方」。但實際上，自由貿易有許多問題尚待解決，比如：「每個國家各自發展自己的專長，真的比較有效率嗎？」、「沒有訂定明確的罰則，懲罰擅自脫離體系的成員國」等等。

6 什麼是浮動（固定）匯率制？

「美元」和「日圓」的交換比率經常變動，會根據日本島和美利堅島民「對彼此島上商品的渴望程度」而有所不同。

但是，與美利堅島也有往來的「俄羅斯島」（使用貨幣「盧布」）卻不同。俄羅斯島的政府說：**「我不喜歡交換比率一直變來變去，不管發生什麼事情我都希望固定在『1盧布＝1美元』，好嗎？」**

為什麼俄羅斯島希望匯率固定在「1盧布＝1美元」呢？

◎普遍來說，允許匯率變動的制度稱為「浮動匯率制」；而維持固定匯率水準則稱為「固定匯率制」。

俄羅斯島生產許多石油。

島上的石油1公升＝1盧布，而美利堅島上的美國車（代表美利堅島上所有食物、商品和服務）則是1台車＝1美元，我們假設這個價格永遠不變。

俄羅斯島決定把匯率固定在「1盧布＝1美元」。

這是俄羅斯島的擅自決定，因此美利堅島不願意配合。

於是，俄羅斯島採取了以下措施：

俄羅斯政府設置一個金庫，存入大量「美元」，並且任命牛牛擔任「固定匯率管理人」。

當美利堅島民需要石油，而俄羅斯島居民需要美國車時，匯率是「1盧布＝1美元」。

然而，如果某天俄羅斯島民想要「美國車」，但美利堅島民不需要「石油」時，美利堅島民就會減少對「盧布」的需求，這樣一來，匯率可能會變成「2盧布＝1美元」、「3盧布＝1美元」……也就是發生「盧布貶值」。

這時，固定匯率管理人牛牛登場。他會從金庫拿出「美元」，到外匯市場詢問：**「我想要俄羅斯島的石油，有人願用『盧布』交換我的『美元』嗎？」**實際上，牛牛並

不真的需要石油，他的目的只是要維持固定匯率。這樣一來，外匯市場上想要「盧布」的人將會增加，盧布的價值會升高到接近原先的「1盧布＝1美元」。

相反地，當俄羅斯島民不想要「美國車」，但是美利堅島民想要「石油」時，俄羅斯島民就會減少使用「美元」來購買美國車，匯率可能變成「1盧布＝2美元」、「1盧布＝3美元」……也就是發生「盧布升值」。

於是，固定匯率管理人牛牛又登場了，這次他拿著盧布到外匯市場詢問：「我想要美國車，有人願意拿『美元』交換我手上的『盧布』嗎？」
這樣一來，外匯市場上想要「美元」的人將會增加，匯率會下降到接近原先「1盧布＝1美元」。
這個流程雖然麻煩，但是**俄羅斯島可以透過固定匯率管理人牛牛，把匯率固定在「1盧布＝1美元」。**

事情順利進行了好一陣子，不過有一天發生了問題。

美利堅島表示：「我們最近很少使用石油，而且其他島嶼願意用更便宜的價格賣給我們，所以我不需要俄羅斯島的石油了。」
然而，**俄羅斯島只有生產石油，島民為了生存，無論如何都需要美利堅島的「美國車（食物、商品、服務）」。**

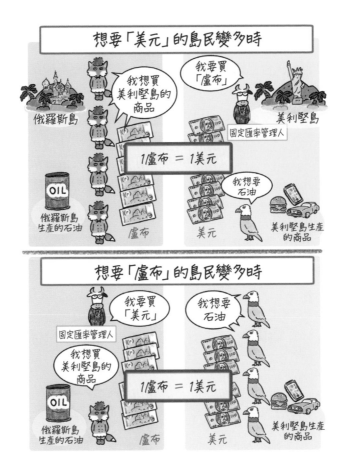

於是，固定匯率管理人牛牛再次前往外匯市場，詢問：「我想要俄羅斯島的石油，請用『盧布』和我交換『美元』」，然後從金庫裡把「美元」拿出來。

但是這次，他失敗了。

因為俄羅斯島政府已經花光金庫裡的「美元」。

他們也無法自己印刷「美元」，因為只有美利堅島能印刷「美元」。

所以，俄羅斯島只好向日本島及其他島嶼借「美元」。

借到美元後，牛牛又到外匯市場問：「我想要俄羅斯島的石油，請用『美元』和我交換『盧布』。」然後讓匯率恢復到「1盧布＝1美元」。

一段時間後，金庫裡的「美元」又不夠了。其他島嶼的

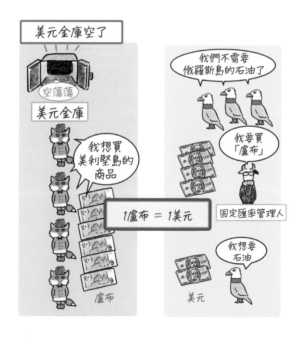

居民開始感到不安:「俄羅斯島最近借太多『美元』了,他們真的會還錢嗎?或許應該停止借錢給他們。」基於種種擔憂,大家不再借「美元」給俄羅斯島。

俄羅斯島政府心急地宣布:

「我們將以100盧布出售俄羅斯國債(三個月後可以兌換105盧布的票券)。」

「同時,政府會發保證書給購買國債的人,保證『在三個月後將105盧布兌換為105美元』。」

其他島嶼居民聽聞後心想:「(雖然聽起來有些複雜,但是)這非常划算。」

於是,他們在外匯市場上將自己的100美元兌換成100盧布,去購買「俄羅斯國債(三個月後可以換成105盧布的票券)」和「三個月後把105盧布換成105美元的保證書」。

這張國債乍看之下相當複雜,但本質上就是俄羅斯島在借「美元」。

正是因為手續有點複雜,因此其他島嶼居民沒有多加思考,就拿出了「美元」去購買「俄羅斯國債」。

然而,狀況沒有改善,俄羅斯島的「美元」金庫仍然見底,固定匯率人束手無策,於是俄羅斯島的政府宣布:

「真是抱歉，我沒辦法償還之前跟大家借的美元。」

「我雖然發給大家『三個月後將105盧布換成105美元』的保證書，但這份保證書也失效了。因為我手上根本沒有美元。」

那些認為購買俄羅斯國債「絕對能夠賺錢」的人，憤怒地說：「太過分了！你必須依照約定給我105美元！」但無論多生氣，大家仍然無計可施，因為俄羅斯島政府根本沒有「美元」。

於是，其他島嶼居民紛紛衝向外匯市場，說：「我現在就要把盧布全部換成美元！」盧布開始貶值，固定匯率管理人束手無策。外匯市場上「盧布」的價值暴跌。

由此可知，**如果島嶼沒有良好的商品或資源來吸引其他島民，卻堅持維持固定匯率，就會發生貶值的問題。**

因此，俄羅斯島政府宣布：「我錯了，從現在起，我們不再採用固定匯率。」

◎國家如果借用他國貨幣（外債），而非本國貨幣，可能會發生無法還錢（違約）的情況。

◎這個故事的原型是1998年俄羅斯金融危機，「三個月後一定會把105盧布換成105美元的保證書」則是指「遠期外匯交易」（Forward Exchange Transaction）。

增強島嶼的國力吧！

如果你擁有許多錢，

就能夠隨心所欲地購物，你會感覺自己變得更強大。

但如果你很富有，卻無法買到自己需要的東西，那並不能算是強大。

日本島和美利堅島上有許多優秀的島民，賺了大量的「日圓」和「美元」。他們將「日圓」和「美元」傳承給自己的子女。這些孩子靠著繼承財富，就能過著豐足的生活，因此從來沒有工作過。

這些富有的孩子決定和其他有錢人，一起搬到無人島上，並將那座島命名為「有錢人島」。

這時，日本島上共有100人，

所有島民合計擁有1億日圓。

美利堅島民共有100人，

所有島民合計擁有1億美元。

有錢人島也有居民100人。

他們合計擁有3億日圓及3億美元，再加上有錢人島的貨幣3億「貴元」。

那麼，這三座島嶼之中，哪座島最強大呢？如果只用財富來評估，有錢人島具有極大的優勢。

三座島嶼開始融洽交流。
但是有一天，有錢人島民不小心透露心聲：「日本島和美利堅島這麼窮，他們應該聽命於我們。」
日本島和美利堅島民立刻討厭起有錢人島。

某天，有錢人島一如往常地說：「我有很多錢，請像之前一樣賣東西給我。」
日本島和美利堅島民異口同聲地說：「不要。」
「我們決定停止和有錢人島交流。而且，我們制定了新規則，讓有錢人島民無法使用『日圓』和『美元』。」
有錢人島民憤怒地說：「太過分了！既然如此，我們不跟你們買東西了。」
日本島和美利堅島民堅決不理會有錢人島。

有錢人島民相當困擾，心想：「現在該怎麼辦？我們明明很有錢，卻無法取得食物、商品和服務。」島上只有3億日圓、3億美元和3億貴元。大家都沒有工作過，就連地瓜都不會種。

在這個情況下，如果有錢人島擁有**產量豐富的石油田，或是精良飛機的製造技術，又或是軍力強盛，**

他們或許還能和日本島和美利堅島談判，威脅說：
「（如果不與我交流，我就）不給你們石油！」「不給你們飛機！」「我們要攻打你們！」
但是，有錢人島缺乏「資源」、「技術」甚至是「軍事力量」，實際上是非常弱小的島嶼。

另一方面，日本島和美利堅島則不同。

他們會種地瓜，會製造汽車和手機；萬一遭到攻擊，他們也擁有打造強大軍隊的技術能力。

就算停止和其他島嶼交流，他們依然能靠「資源」與「技術」養活100位島民，並擁有「軍事力量」能夠保護自己免受攻擊，因此日本島和美利堅島可說是獨立自主的「強大島嶼」。

真正能夠讓島民感到安心、自由且自信的，

並不是金錢，

而是擁有豐富的「資源」、「技術」以及「軍事力量」。

同理，如果我們希望「金錢」能在島嶼之間有效率地流通，前提是島嶼間必須感情融洽，並共同遵循規則進行自由貿易。

◎在現實狀況中，友好國稀少、缺乏技術和資源的國家，很難放棄「核武」（軍事力量），因為一旦放棄，他們將完全失去談判條件。

◎生活在和平時代的我們難以想像，歷史上兩國斷交的事經常發生。例如，美國和古巴在1961 ～ 2015年斷交，其間兩國完全停止貿易。

◎現實中，存在許多錯綜複雜的因素，常使人不易察覺自己的優點，只一味認為有錢人「很有錢所以比自己更了不起」，於是卑躬屈膝。還請大家自我警惕。

購買力平價與利率平價

　　為了方便說明，我簡單假設島嶼故事中的外匯交易「不存在為了賺取利息、以投機為目的之貨幣交換」（也就是古典經濟學派的「流動分析」〔flow approach〕）。但這個基礎模型，只能解釋「外匯交易如何進行？匯率又是如何決定的？」

　　現實世界中的外匯交易非常興盛，因此「預測往後匯率會如何變化？」的模型研究也相當興盛。**以下介紹兩個基礎的匯率定價模型「購買力平價」（PPP）和「利率平價」（Interest rate parity）。**

　　首先說明「購買力平價」。

　　購買力平價是指基於「單一物價法則」（Law of one price），假設某個商品在全世界不同國家都有固定的價格，我們可以透過比較各國商品和服務的價格，來計算出當地貨幣的價值。

　　比方說，相當有名的「大麥克指數」（Big Mac index）就是使用各國麥當勞大麥克的單價，來計算出匯率。

　　假設日本的大麥克是200日幣，美國的大麥克是1美金，基於大麥克的價值是固定的，因此匯率可以推斷為200日幣＝1美金。

　　如果此時實際匯率為「100日幣＝1美金」，理論上從美國出口大麥克到日本銷售就會賺錢，因此大麥克會大量從美國流向日本，最後匯率就會接近200日幣＝1美

金（**購買力平價**）。

不過「購買力平價」有以下問題。

首先，貿易商品實際上不是只有大麥克。另外，無法貿易的東西（美容、按摩、醫療等）也無法納入購買力平價。同時，可貿易商品的價值在各個國家可能因為文化不同而有所差異，例如「日本人認為魚比肉更有價值；而美國人認為肉比魚更有價值」等等。

根據這些問題來修正購買力平價之後，就會形成新的模型。比方說「相對購買力平價」，這項理論是利用各國通膨率的差異來衡量均衡匯率；此外，還有「巴拉薩－薩繆爾森效應」（Balassa–Samuelson effect），這項理論認為「發展中國家的實際匯率，往往會低於以購買力平價理論推估的匯率，因為非貿易財（無法貿易的東西）在發展中國家的價格較低」。

接下來是「利率平價」。

利率平價是指「風險中立（面對各種程度的風險都會選擇預期報酬率較高之投資方案）的投資者，在投機兩國貨幣時，會讓匯率趨於使得兩國貨幣之預期報酬率（利率）相同的水準。因此，匯率是取決於『本國貨幣和外國貨幣的名目利率差異』」。

這聽起來真困難。

簡單來說，這項理論就是預期**「如果明年匯率是 X 日圓，而日圓的利率是 Y%，美金的利率是 Z%，投資者將**

會利用這樣的組合，來獲取收益」，然後推測「匯率將會朝某個方向變動」。

許多人都「想要持有利率較高的貨幣，以獲取利益」，這些人的外匯交易量比進出口貿易的外匯交易量高出許多倍。因此也有人認為，短期來說「利率平價才是最容易影響匯率的因素」。

購買力平價和利率平價都是相當基礎的概念，在網路上應該能搜尋到許多說明。如果讀者想深入理解如何計算，請務必自行搜索看看。

貨幣發行與外匯市場

貨幣的價值基礎在於賦稅，而國家有權自由發行貨幣。

可能有人不免擔心：「如果日本政府發行太多貨幣，日圓的信用可能會下跌，這樣豈不是破壞了國際關係？」事實上並非如此。

當然，如果政府突然發給日本國民每人1億日圓，像這樣短期內發行大量貨幣的行為，的確會讓金錢制度立即崩解。

但國家只要在不急遽影響物價的限度內，每年持續發行貨幣是沒有問題的。

若以「政府＋日本央行」的國家整體角度來檢視現

狀，那麼日本已經發行了將近1,000兆日圓（或以日圓計價的日本國債）到全世界，但外匯市場並沒有因此出現問題。

只要日本繼續生產充足的商品和服務，就不太可能會發生無可遏止的恐怖通膨。就算日圓此刻忽然瞬間消失，日本島上流通的商品和服務依舊存在。金錢只是將商品的價值化為實際數字，以利流通與分配罷了。100間房子的價值就算從一萬變成一千萬元，也不會改變有100間房子存在的事實。

如果政府的支出和國債發行量暴增，將引發大幅通膨，會改變日圓作為投機貨幣的價值，日本物價也會隨之變動，進而造成匯率浮動；即使如此，日圓也不會完全失去價值。**無論日圓的發行量增加多少，只要日本仍能生產具有相當魅力的商品和服務，而且外國人願意購買，日圓在外匯市場上就不會完全失去價值。**對於國家來說，最重要的就是掌握良好的技術、人才、資源和環境，打造出許多魅力十足的商品和服務，這就是政府該做的事。

我在前面已經提過很多次，貨幣只是讓人類生活更簡便而發明出來的工具，紙鈔本身是沒有價值的。

國際上的強國

試想，如果日本將所有知識、技術、資源都賣斷給其他國家。

日本可能會一下子變得超級有錢。但是這有意義嗎？**雖然人人都會變得有錢，但每個人卻都會活得像猴子一般。沒有人懂得如何製造汽車、如何務農，更沒有人懂得如何打造網路。**如果只用金錢來評估，那麼日本的確立刻成為了「有錢而富裕的國家」，但其實這不是真正的富裕。日本將失去生產任何東西的能力，只能仰賴外國販售的食物、車子、電腦和各種服務。

在這樣的狀況下，無論用多少日幣交換外幣，也只會被拒絕：「日幣買不到任何東西，就算日幣的利率比較高，日本也已經什麼都沒有了，日幣的價值只會越來越低……」日圓的價值會暴跌。日本逐漸生產不出任何東西，成為沒有任何技術者居住的貧窮國家。

為了避免這樣的事態，國家應該要將施政目標放在「持續發展、能夠製造出美好商品及服務」。

俄羅斯金融危機

1998年，俄羅斯宣告將不償還「以盧布計價之國債」（也就是違約）。

有人據此主張「以本國貨幣舉債仍可能失敗收場」。

但追根究柢，俄羅斯政府失敗的原因並非「以本國貨幣舉債」，而是「盧布在外匯市場暴跌」以及「以外幣計價的債務違約」。

簡單地說，俄羅斯其實是向外國借款。

當時，俄羅斯的「外幣債務」占該國GDP約50%。如果將此情況轉換到日本，2020年日本GDP為500兆日圓，則日本政府以外幣計價的債務約為1.8兆美元（約250兆日圓）。

現實中，日幣國債完全沒有這類情況。日本國債是以日圓計價，只要日本中央銀行發行貨幣就能買回，不會構成重大問題。

如果政府以外幣借款，還債時就只能「努力賺外幣還錢」。

換句話說，就是必須用美元償還10億美元債務；或用歐元償還10億歐元債務。

當時，俄羅斯外的外國人在購買「以盧布計價的國債」的同時，俄羅斯民間銀行也在進行「買入美金、售出盧布的遠期外匯交易」。

遠期交易是指「無論三個月後匯率如何變動，都用現在這個匯率來交換貨幣」。當時的盧布不受信任，考量到盧布在三個月後無論如何都會貶值，俄羅斯民間銀行進行遠期交易就不會因為匯率變動而發生損失。

也就是說，俄羅斯政府雖然售出盧布國債，俄羅斯的

民間銀行卻背負了「美金債務」。

俄羅斯政府等於立下了大量美元借款。最後,政府因為無法解決償還問題,改變了「盧布國債」的債務條件,並提出「外國人的美元外匯遠期交易將延後交付」,還有「限制外國人不得將盧布兌換為外幣匯款回國」等等。儘管手段用盡,盧布最終還是暴跌。

因此,正確來說,俄羅斯金融危機是1998年俄羅斯政府及其中央銀行於90日內停止支付對外債務,導致盧布價格暴跌以及投資資金流向國外等一連串事件。

雖然俄羅斯在債務到期時仍無法償還,屬於違約,但是盧布國債本身並沒有失效,只是停止返還外幣債務90天而已。

CHAPTER

7

經濟挑戰與
未來發展

CHALLENGES & FUTURE

何謂「國家體制」？

目前，世界上大部分國家都採用以下體制：
「以讓居民透過競爭來賺取金錢（即資本主義）為基本方針、賦予憲法最高的權力（即法治國家），並由居民選出代表來管理政府（即民主政治）」。

日本島也是使用這套體制。

但是，大部分國家並非一開始就是如此，而是在嘗試各種「採用○○為基本方針、賦予□□最高權力，並由△△負責政府工作」之後，才改成現在這套體制。

有些國家曾經嘗試過「君主專制」，也就是「賦予國王最高權力（君主制），並由國王及其子孫管理政府（專制主義）」。

如果國王是充滿同理心且有智慧的人，那麼國家還能夠順利運作；但若國王「只在乎自己」，國家就會馬上出現問題。

有些國家將「以○○為基本方針」的○○部分，改為**「消**

除居民自由競爭，由國家來決定每位國民的工作，實現平等（即社會主義）」。

在這套體制中，國民的職業是由國家決定，所有人的薪水都一樣。

「平等」是好事，但國民失去開拓新事業的自由後，無論多努力工作，薪水也不會增加，居民因此失去工作幹勁。

結果，這套體制造成文明發展遲緩，社會主義國家在技術發展上大幅輸給「讓居民互相競爭（資本主義）」的國家。

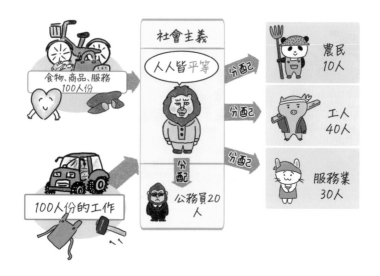

人類就這樣嘗試了各種版本的「國家體制」。

如今，大多數國家採用的體制是**「以讓居民透過競爭來賺取金錢（即資本主義）為基本方針、賦予憲法最高權力（即法治國家），並由居民選出代表來管理政府（間接民主制）」**。

這是「目前為止最穩定」的體制，但並非完美。

這套體制究竟存在什麼問題呢？

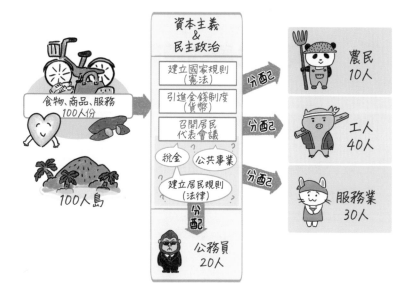

◎「以○○為基本方針」是指政治思想（資本主義、社會主義、遵循宗教教義等）。

◎「賦予□□最高權力」是指統治體制（君主制、封建制、法治國家、專制國家等）。

◎「由△△管理政府」是指政治體制（民主政治、專制政治、獨裁政治等）。除了法治國家以外，大多數情況下△△＝□□。

◎日本是資本主義、法治及民主政治國家（雖然設有天皇，但現行憲法之下的天皇沒有實權，因此也可以說是君主立憲制）。

◎蘇聯是社會主義、專制國家兼專制政治。

資本主義的課題

100人島上有位天才，長頸鹿一郎。

長頸鹿一郎發明了汽車，並大量生產，
汽車賣得非常好，讓他賺了100億元。

長頸鹿一郎過世後，他的孩子長頸鹿二郎繼承了這100
億元。
長頸鹿二郎用100億元買下田地，然後租借給農民。

農民用這片田地種植稻米，賺了錢，再把賺到的一半交
給二郎。

長頸鹿二郎錢包裡的錢越來越多，
即使他每天都只在吃喝玩樂。

一千年後，這座島上的人口仍然是100人。

但是，長頸鹿一郎的子孫已經增加到50人，作為後代的
長頸鹿三百一郎到三百五十郎，都從上一代繼承土地，
繼續租給農民。

長頸鹿一族完全不工作，
就算整天只睡覺也能賺錢。

而長頸鹿家族以外的50名窮人，
則是為了自己、家人以及長頸鹿家而努力工作。

這種狀況能夠「永遠持續下去」嗎？

長頸鹿一郎確實是天才，他發明了汽車，讓島上100人
的生活快速變得富裕許多。

但是，他的子孫無所事事，只是到處玩耍，一直消耗其
他50人種出來的地瓜、購買商品、使用各種服務。

因此，
這種狀況絕對不可能「永遠持續下去」。

有錢人及其子孫雖然富裕，但這套社會體系有其極限。

到了某個時間點，
島上的窮人會認為「這樣不合理」，
並且嘗試要「重新設定貧富差距」。

貧富差距若持續擴大,社會終究會發生問題

貧
富
差
距

擴大

擴大

擴大

戰爭、革命、國家破產、致命傳染病帶來社會階級洗牌

無法持續的社會體制

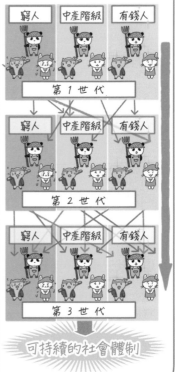

貧富差距沒有持續擴大,不同階級適當替換

窮人　中產階級　有錢人

第 1 世代

窮人　中產階級　有錢人

第 2 世代

窮人　中產階級　有錢人

第 3 世代

可持續的社會體制

至目前為止，歷史上所有的「貧富差距重新設定」，
都是透過革命、戰爭、國家毀滅、流行病等悲劇達成。

因此，為了不讓悲劇重複發生，
我們必須確保貧富差距不會隨著時間日漸擴大，
每個世代的「有錢人」和「窮人」
必須要適當替換。

為了達成這項目標，具體應該怎麼做呢？

◎回顧歷史，「消除不平等」只會在革命、戰爭、國家毀
滅、流行病等重大事件後才會發生，除此之外，貧富差距
會持續擴大。以長遠來看，日本目前的財富結構似乎是
「無法持續的」。

◎據說在美國，1%的富裕階級持有了全國資產的30%。
貧富差距持續擴大已經成為全球問題。

③ 盡可能實現永續發展

為了阻止貧富差距擴大，我們需要做的並非高聲抗議：
「大家一起阻止貧富差距！」
而是打造「可持續發展的經濟系統」。

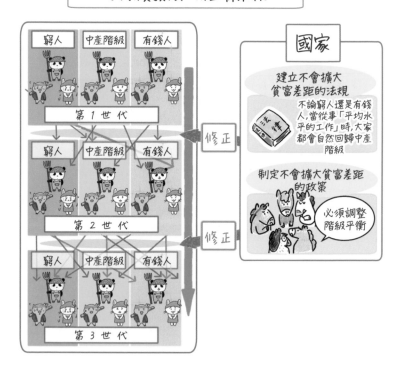

可持續發展的經濟系統

窮人　中產階級　有錢人

第 1 世代

修正

窮人　中產階級　有錢人

第 2 世代

修正

窮人　中產階級　有錢人

第 3 世代

國家

建立不會擴大貧富差距的法規

不論窮人還是有錢人，當從事「平均水平的工作」時，大家都會自然回歸中產階級

制定不會擴大貧富差距的政策

必須調整階級平衡

最理想的情況，是建立「能夠自然消除貧富差距」的社會結構，而不必讓所有質疑貧富差距的人都站出來抗爭。

那麼，要如何建立「可持續發展的經濟系統」呢？

讓現行國家體制（資本主義、法治國家、民主主義）成為可持續發展的經濟系統，所需要的元素，本書中稱為**「可持續發展的經濟系統目標（SESGs）」**。

◎可持續發展的經濟系統（SES, Sustainable Economic System）

◎可持續發展的經濟系統目標（SESGs, Sustainable Economic System Goals）

◎SDGs（Sustainable Development Goals，永續發展目標，由聯合國制定）是指「為了讓地球成為可永續居住的星球，人類應努力避免過度使用資源和破壞環境」，與SES及SESGs的焦點有些不同。

SESGs總共有四項目標。

第一項是，建立「具備修復力的法規制度」。
這是指「累進稅率」等，能夠防止貧富差距擴大的法規及政策。

這類法規制度能夠發揮力量，讓不同社會階級自然回歸中等水平。

貧窮的人只要從事「平均水平的工作」，就能夠自然地回歸中產階級。相反地，有錢人如果只做「平均水平的工作」，也會自然地回歸中產階級。

◎「修復力」是指讓遠離水平的事物，回到正中央的力量。就像彈簧在拉長或壓縮後，會有股力量使其復原。
◎「具備修復力的法規制度」最極端而簡單的例子，就是「完全禁止遺產繼承，且防堵所有與繼承相關的法律漏洞」。

理論上，以上舉例可以重設每個世代的貧富差距，使得差距不會進一步擴大，實現社會的可持續性。

然而，即使100人島制定了「具備修復力的法規」，但民眾代表卻可能選擇支持有錢人，提議恢復原先的制度，那第一項目標就失去作用了。

因此，第二項目標是，建立「具備修復力的政治制度」。
「具備修復力的政治制度」會自然減少那些只在選舉時主張「要縮小貧富差距」，當選後卻馬上接受賄賂、為有

錢人撐腰的民眾代表。如此一來，那些認真執行「可持續之金融規則」政策的民眾代表，自然就會增加。

◎在美國，富裕階層大部分只繳交低額的稅金。讓此狀況持續的政治制度本身，存在極大的改進空間。

第三項目標，是建立「具備修復力的國家體制」。
即使100人島打造出「具備修復力的政治制度」，但是惡劣的民眾代表依然有可能「擅自將政治制度修改為對自己有利」。
舉例來說，如果惡劣的民代能夠輕易修改掉「總統必須三年替換一次」、「超過半數以上同意票才能罷免總統」這類最高規則，那麼社會就會馬上恢復為無法持續發展的狀態。

因此，我們必須打造出堅固的國家體制，以防止這類壞事發生。
然而，這套體制也不能太死板，
否則在面臨新的情境時，
無法修改的體制會讓事情變得相當麻煩。

所謂「具備修復力的國家體制」應該要保有彈性，既能防止壞人隨意變動規則，又能在必要時修正內容。

◎在納粹德國時期，首相希特勒率領的納粹黨無視憲法的基本人權，甚至發布總統緊急命令，不經法律程序就逮捕共產黨員，並隨意調整議會運作規則，藉此成立近乎合法的獨裁政權。在當時德國的國家體制中，內閣擁有過大權力。

100人島辛苦打造出「具備恢復力的國家體制」之後，
某天，有一座不安好心的島嶼向100人島上的有錢人說：
「你們可以把資產藏到我們島上喔。」
還有另一座島嶼突然決定發射飛彈攻擊100人島。

為了防止這種情況，
第四項目標就是，建立「具備修復力的國際法」。

為了防範其他島嶼的侵犯行為，100人島必須制定國際規範，明確表示「如果這樣做，將會受到其他島嶼的嚴厲懲罰」。

◎目前的國際法不具備任何罰則，只具備形式上的努力目標。即使有大國做壞事，國際間也沒有規範可以制止，只能靠各國自行決定該如何介入，比如：表態「相當遺憾」，或者實施「經濟制裁」等。

理想的國家體制是什麼

日本島周圍還有許多島嶼。

每個島嶼的基本方針（政治思想）大致上可以區分為以下
兩種：
資本主義（鼓勵居民透過互相競爭來賺錢）、
社會主義（消除競爭、實現人人平等）。

「資本主義島」是弱肉強食的世界，
誰賺得多，誰就是贏家。
每個產業都有許多公司，能夠持續生產好產品的公司，
會一直賺錢。
而競爭失敗、停滯不前的公司則會走向破產。

賺錢的公司會持續增聘員工，擴大公司規模，以賺取更
多錢。不賺錢的公司則相反。

「資本主義島」比較常製造出良好的商品、技術發展也
很快速。

但是，「資本主義島」只要出現貧富差距，差距就會持續

擴大。因此，若以長遠的眼光來看，這種體制可說是無法持續發展的。

另一方面，「社會主義島」上眾人平等。
所有人都在同一家公司工作，
目標是製造出相同的產品。
然而，員工無論做出多好的東西，薪水都不會改變。

如果只從「貧富差距」的角度來看，「社會主義島」是可以持續發展的體制。
然而，由於缺乏競爭，居民的工作動力不足，因此「社會主義島」技術發展緩慢，和隔壁的「資本主義島」出現技術實力上的落差。
「社會主義島」因此在國際間淪為弱勢島嶼，從這個角度來說，該島也是無法持續發展的體制。

讀到這裡，
我相信很多人會問：
「究竟哪種體制比較好呢？」

實際上，資本主義與社會主義之間並沒有明確的界線，
兩個主義也不是完全對立的。

日本島只是比較「接近」資本主義。

實際上，
「資本主義島」並非完全弱肉強食的社會，
它也會具有類似社會主義的特質，
例如：「追求平等的稅制」、
以及「幫助弱勢群體的法規」等等。

「資本主義和社會主義哪個比較好？」
這個問題就像是「電視音量要設定在0還是100？」這麼
極端。

我們不需要只選擇某一方。

就像調整電視音量，我們可以把音量設定在0到100之
間，找出恰當的平衡點即可。

那個恰當的平衡點，
就是我們所追求的「可持續發展的經濟系統」。

所有人需要一起思考，
該如何建立具有競爭力、
並且不會擴大貧富差距的適當體制。

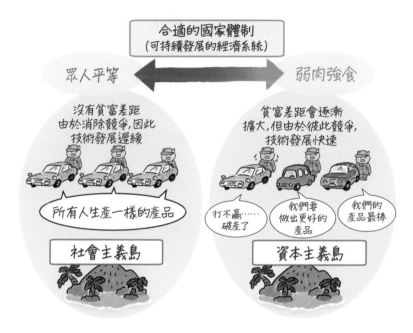

◎國家治理的基本方針不一定要設定在「資本主義與社會主義之間」，未來也可能會誕生一種全新、可持續發展的主義。

◎比如，將來有人打造出AI國家，由機器人負責所有工作，如果這套體制是可以持續發展、讓大家都幸福的，就是一套好的體制。

生命中最重要的事物

對「國家」這套系統而言，金錢是相當重要的存在。

從我們出生起，金錢就一直是圍繞在身邊的議題。
有些人認為「金錢比性命重要」，
將「賺錢」放在比家人或朋友更優先的地位。

但是，世界上還有許多事情比金錢更重要。

直到數千年前為止，
人類的生活中都不存在金錢這種東西。

即使在今天，世界上也還是有少數民族生活在沒有金錢
的社會。
金錢只是人類為了讓社會更有效率地運作，而打造出來
的方便工具罷了。

即使你某天負債，那也只是個數字。
如果狀況更糟糕，你只要聲請個人破產，負債數字就能
歸零。

我們不需要為金錢苦惱，甚至為之結束性命。

當你80歲的時候……
無論有多少錢，
都買不到「年輕時在世界各地旅遊的回憶」。

無論有多少錢，
都買不到「長年以來培養的興趣和技能」。

無論有多少錢，
都買不到「親密的友誼」。

無論有多少錢，
都買不到「真心信任的夥伴」。

無論有多少錢，
都買不到「和父母一起去溫泉旅館的回憶」。

無論有多少錢，
都買不到「孩子為自己畫的肖像畫」。

無論有多少錢，
都買不到「你最心愛的人」。

你的人生有多豐富，
並非用金錢決定。

即使你變得非常富有，當你年老躺在床上
回顧人生時，腦海裡浮現的
不會是「如山一般高的鈔票」、
也不會是「銀行存款戶頭中的數字」。

我相信，到時候如跑馬燈閃過你眼前的，應該是
「父母的面容」
「朋友的面容」
「所愛之人的面容」
「快樂的回憶」
「後悔的時刻」
等珍貴的景象與畫面。

到了那時，
在你腦中最鮮明的記憶
究竟會是什麼呢？

人生只有一次。
請好好珍惜：
技能、經驗、
朋友、心靈、

愛情、家庭，
這一切。

金錢當然也很重要，但別讓自己受到金錢的束縛，
反而錯失了珍貴的事物。

希望讀完本書後，你也能掌握幸福與快樂！

現今的國家體制

國家是為了「有效率地管理數量龐大的人類群體」而打造的系統，這套系統在歷史中不斷變化，歷經部落社會→君主制→封建制→法治國家等各種樣貌。

例如，日本在石器時代是以村莊或部落為單位，各自生活（部落社會）。到了繩文時代（編注：西元前1萬8千年左右～西元前300年左右），群體規模擴大，逐漸形成由國王統治的君主制小國。君主制社會持續了相當長一段時間，掌權者一代代地繼承更替。到了鎌倉時代，武士逐漸取代君主及君主下屬的貴族，開始統治各自的領土，形成了封建制度。封建制度一直持續到江戶時代，經歷明治維新後，日本才開始轉變為「現代法治國家」。

國家體制大致上可分為「統治體制」、「政治體制」、「政治思想」三個部分。

統治體制，是指國家統治的權力結構；也就是「決定何者地位最高」。以君主制來說，君主的地位高於其他任何人。在法治國家，位階最高的則是法律。

政治體制，簡單說就是「如何選出政治工作者」。在君主制之下，政治權力很自然地集中在君主身上，形成專制政治。民主主義則是透過國民投票，來決定由誰從事政治工作。

政治思想是一套思想體系，包含資本主義、社會主義或宗教思想等。資本主義及社會主義之間，並沒有明確

的分界線,而各國的施政目標會「展現出該國比較傾向哪種主義」。

由此可見,國家體制有各種樣貌,沒有哪一種是絕對正確的。

人類在漫長的歷史中不斷地嘗試和犯錯,創造出各種國家體制,以有效管理「規模龐大的人類群體」。既然這些體制都是人類建立的,那麼肯定存在缺陷,必須不斷更新。目前日本採用的「法治國家、民主政治、偏向資本主義的政治思想」體制,隨著時間推移,總有一天需要修正。

那麼,全球現行的國家體制,大部分都有哪些共同問題呢?

貧富差距擴大及永續可能性

2021年,美國最富裕的1%人口持有了國民總資產的32%;**最貧窮的50%人口則只持有國民總資產的2%。**

貧富差距問題愈發嚴重,而且不只美國如此。綜觀全球,**世界上最有錢的前10%人口,持有全世界76%的財富。**

貧富差距常被描述為社會發展的「自然法則」,但事實並非如此。正如本書第2章所說明的,人類之所以能持有財產,是因為「國家允許私人持有財產」。法規和金錢

都是人類打造出來的，因此貧富差距持續擴大，是「現行體制造就的狀況」。

富豪及其家族能夠保持富有，是因為平衡貧富差距的法規漏洞百出，沒有發揮功效。如果有人擁有1兆日圓的銀行儲蓄，就算年息只有0.01%，一年就能獲得1億日圓利息。一旦賺到這筆錢，這些人只要不犯重大錯誤，就能持續過著富裕的生活。由於現今遺產繼承的法律相當寬鬆，幾乎無法修正貧富差距，因此富豪的後代子孫就算成天在豪宅游泳池畔玩樂、無所事事，依然能夠過著奢侈的生活。

微軟創辦人比爾・蓋茲決定將價值15兆日圓的資產，超過99%都捐給蓋茲慈善基金會，而非留給子女。然而，並非所有富豪都能如蓋茲這般仁慈，願意重新分配資產。

如果國家體制必須仰賴成員的善意，那麼這套體制終究是無法長存的。我們應該思考如何建立有效的制度或政策，即使比爾蓋茲這類富豪沒有發揮善意，社會也能適當地重新分配階級資產。

然而，要明確界定出「太過極端」的貧富差距，並非易事。當我們在定義對貧富差距的容許程度時，也就等同默許了有錢人鑽系統漏洞霸占競爭優勢。究竟，「可接受」的貧富差距應該是多少？探討這個問題，就是在探討「我們想要打造出何種人類社會？該如何適當地分配工作及資源？」這相當困難，需要社會整體共同討

論。

但是毫無疑問地，**「貧富差距持續擴大」之下的國家體制，是無法持續發展的，必須加以修正。**就算我們現在無法清楚界定何謂「差距過大」，目前的狀況也顯然並不理想。

史丹福大學教授沃特・席代爾（Walter Scheidel）藉由《平等的暴政》（*The Great Leveler:Violence and the History of Inequality from the Stone Age to the Twenty-First Century*，繁體中文版由聯經出版）一書，對未來敲響了警鐘。他指出，在歷史上曾經打破不平等的，就只有「革命、戰爭、崩潰與瘟疫」。

當不平等持續擴大，社會終將崩潰。到時將有許多人犧牲。其中可能包含你所重視的人。

地球具備充足的食物、商品和服務，能讓目前所有人類存活。因此只要適當分配工作及資源，理論上所有人都能幸福地生活。

世界上一定存在某種方法，能讓我們不必流血，就擁有平等且幸福的生活。

我們需要建立讓貧富差距不會持續擴大、社會可以持續發展的制度。本書將此制度稱為「可持續發展的經濟系統（SES, Sustainable Economic System）」。

聯合國制定的17項永續發展目標（SDGs）當中，雖然也包含了「維持經濟增長及就業」和「消弭不平等」，但是大多聚焦在「維護地球環境、資源之永續性」，而非

「人類社會結構本身的永續性」，因此我才刻意創造新的詞彙來詮釋。

可持續發展的經濟系統目標

那麼，可持續發展的經濟系統（SES），需要哪些條件呢？

簡單來說，可統整為以下四個「可持續發展的經濟系統目標」（SESGs, Sustainable Economic System Goals）。

❶具備修復力的貨幣系統（Resilient Monetary System）
❷具備修復力的政治系統（Resilient Political System）
❸具備修復力的國家系統（Resilient National System）
❹具備修復力的國際系統（Resilient International System）

修復力（Resilient）是指「讓事物回歸平衡的力量」，就像彈簧在被拉長或壓縮後，依然能夠恢復原本形狀。

在這四項目標中，國家只有實現目標❶就足夠了，但是要維持❶就需要❷，維持❷又需要❸，維持❸則需要❹。

①具備修復力的貨幣系統

此指可持續發展的金錢規則（如：法律、稅制、政策等）。

如果一個社會裡，人一旦變得富有，他的家族後代就能夠不斷累積財富；變窮的人，則一代又一代越來越窮，再也無法脫身，這樣的社會是無法永續發展的。

因此，我們需要一套經濟系統，「讓人在脫離平均值後，能夠自動回歸到中產階級」。當經濟系統有如彈簧一般運作時，假使有人進入了富裕階級，對社會的貢獻卻無法持續超過平均值；又或者有人落入貧窮階級，對社會的貢獻卻達到平均值，那麼這兩種人都會自動被系統拉回中產階級。

有許多方法能夠實現這套經濟系統。例如**累進稅率、提升最低薪資、大學免學費、補助津貼、最低基本收入、就業保證計畫（Job Guarantee Program，現代貨幣理論派經濟學者所提倡的做法，主張政府應盡一切努力讓所有國民都能夠就業）等等，都是可採用的手段。**

此外，還有其他方法能夠消減貧富差距的跨世代傳承。最極端的做法就是完全禁止遺產繼承，如果我們只讓子女繼承教育，就能夠建構出可持續發展的系統。

或者，我們也可以填補法律漏洞，防止有人鑽系統漏洞來逃避遺產稅（例如透過生前贈與，或者經由避稅天堂進行節稅）。

除此之外，還可以設定薪資級距，將國民年收入限制在500 ～ 3,000萬日圓等等，避免貧富差距擴大。

②具備修復力的政治系統

即使國家制定出優秀的政策，來避免貧富差距擴大，如果無法有效執行，政策就毫無意義。

因此，建立具有修復力的政治系統非常重要，這套系統能夠排除自私的政客，增加為市民著想的政治家。

如今，日本的政治參與程度和投票率極低，投票民眾對候選人認識普遍不足，因此名氣響亮實則智識低落的人常常當選；優秀人選卻因為宣傳或曝光成效不佳而落選，可見目前的選舉制度，並未有效發揮「票選出良好政治家」的功能。

提升政治參與度（投票率）的方法俯拾皆是，比如**「參與投票者將能獲得一萬日圓減稅額」、「推動網路投票，並制定相關法規」、「除了准許張貼海報和街頭演講外，提供候選人其他表達政見的機會」**等等。

在美國，也不乏富裕階級鑽法律漏洞、幾乎不繳稅的社會問題。這些問題反映出現行政治制度長期容忍政客偏袒富裕階級，亟待改善。

③具備修復力的國家系統

國家的層級位在政治制度之上，也需要建立可持續發展的系統。

國家系統（包括憲法等制度）如果太脆弱，將造成災難，以下介紹兩個實際案例：

第二次世界大戰前，日本的「統帥權干犯問題」引發

了太平洋戰爭，起因正是憲法規範不夠完善。在當時的明治憲法下，關於國家統帥權（最高指揮權）的法規相當曖昧（編注：日本憲法未明確規定軍事方面的最高指揮權，屬於天皇還是軍部），因此軍部強硬派將最高指揮權擴大解釋，弱化了日本的政黨政治，無視天皇及政府而擅自行動。如果當時的憲法制定得更明確一點，或許太平洋戰爭就不會爆發。

另一個例子是 2022 年俄羅斯入侵烏克蘭。在俄羅斯現行國家系統下，沒有人能夠阻止普丁總統做任何事。

只要俄羅斯當局認定記者製造「假新聞」，就能夠囚禁記者且無違法之虞。這使得俄羅斯人喪失了「新聞自由」，陷入悲慘的境地。俄羅斯人必須擁有新聞自由，才有機會了解「政府正在做壞事」，這樣甚至或許能夠要求政府撤回軍隊，這就是所謂國家的自我修復力。一旦失去新聞自由，就沒有人能夠指出政府的惡行，政府為非作歹時，國民也無力抵抗。

從這兩個例子我們可以看出，**國家若要永續發展，就必須建立制度，讓惡人無法輕易修改體制以滿足私慾，同時讓成員有權利排除不肖份子**（例如對內閣提出不信任案等）。

但若制度設計得過於僵固，一旦需要徹底改革政治或稅務制度時，將會困難重重，因此要找到平衡點。

就像具有避震功能的大樓，不能只是堅固，還必須要有柔韌的結構設計，讓大樓無論從哪個方向受力都不會

傾倒，國家需要的就是這種設計。

④具備修復力的國際系統

如果某天日本實現了可持續發展的前三項目標，卻因為其他國家的干擾而無法存續，那也沒有意義。因此，建立國與國之間的規則相當重要。

然而，**目前的國際法並不存在「罰則」。**

因此，當俄羅斯攻打烏克蘭時，各國只能自行決定該如何介入，有的國家選擇表達遺憾與譴責，有的則是採取經濟制裁。聯合國安全理事會無法發動軍事（或非軍事）行動，因為俄羅斯是安全理事會的常任理事國，具有否決權。國際刑事法庭也無法實際逮捕普丁總統。現存的國際法幾乎無法維持國際秩序。

國際關係法的貧弱無力，不僅體現於戰爭方面。

自2021年起，跨國課稅（International taxation）成為熱門議題，也是國際關係法中應該進行改革的項目之一。

國際租稅法規原先是針對跨國企業而設，規範各國對企業的課稅權利。然而，由於網路普及，企業很輕鬆地就能進行跨國交易，使得各國法律漏洞日漸增加，原本應該支付稅金的企業可能會鑽漏洞，成功避稅，因此國家必須打造新的機制。

因巴拿馬文件而知名的「避稅天堂」也與國際法規漏洞有關。「巴拿馬文件」是從巴拿馬某間法律事務所洩漏

出來的機密文件（數位檔案），該文件記載著世界各國首腦及富裕階級利用巴拿馬在內的避稅天堂進行金融交易，藉此隱藏財富的情形。

這就表示，有些人會鑽國際法規的漏洞，將資產隱藏在國外。

這些鑽漏洞者會讓人以為：「有錢人是最無敵的，即使國家滅亡，他們也能分毫無損地搬到其他國家。」**但是，富人之所以能輕易地將財產藏匿在國外，都是因為缺乏完善的國際法規。**

現代社會太過複雜，我們無法單憑各國的法律來防範鑽漏洞行為，因此需要建立「可持續發展的國際規則」，也就是國與國之間的系統性規範。

我們的未來

「資本主義和社會主義哪個比較好？」這個問題就像以下問題一樣極端：「電視的音量應該設定成0還是100？」

所有事情都是如此，一旦落入「黑白」、「是非」的二元論，就會造成對立，無法將討論引導向正確方向。

由於「社會主義國vs.資本主義國」在冷戰時期的嚴重對立，出生在資本主義國家的我們，很容易認為「社會主義是不好的」。

實際上，社會主義並不邪惡，它只是一種思考模式，目的是「打造更平等且公正的社會」。

然而，如果國家過於偏向社會主義，文明發展可能會停滯不前；而過於偏向資本主義，則會導致貧富差距不斷擴大。人們很容易就陷入「該選擇哪邊？」的困境，但我們根本不必在兩者中擇一。

就像我們在調整電視音量時，會在0到100之間找到合理的平衡點，這樣就足夠了。

而這個平衡點，就是本章所說的「可持續發展之經濟系統」。

未來說不定會出現一種全新的國家體制，使我們脫離資本主義與社會主義的二元光譜。

無論那個體制是什麼，**只要讓社會能夠永續發展，並讓人類幸福生活，就是好的體制。**

結　語

本書中的「鑽漏洞者」、「可持續發展的經濟系統」（SES）都是作者自己思考後創造的詞彙。

在現實生活中，我們對「遊走於灰色地帶賺錢的人」或「從中剝削他人」這類違法行為，往往會傾向於責怪個人的品格。我能理解大家的心情，但是責備當事人根本無法解決問題。因為這些人沒有犯法，其中很多人甚至沒有惡意。遭到指責的人會反駁，使得討論陷入泥沼。

相反的，我們應該這樣想：「是因為系統存在漏洞，鑽漏洞者才會存在」，這種觀點不會讓社會發生對立，還能讓大家共同找出建設性的做法，修正社會結構。因此，我才會使用「鑽漏洞者」這個詞彙，來明確表示「當事人可能沒有惡意，但因為法規有漏洞，因此對社會產生不良影響」。我認為這能促進大家共同前進、改善問題。

關於「可持續發展的經濟系統」，我在日常生活中發現有許多人討論「貧富差距不該存在」、「政府應該實施累進稅率」等問題，卻沒有適切的詞彙能表示社會整體應該追求的積極經濟目標。近年來「SDGs永續發展目標」已經相當普及，這個概念跳脫了以往「減少垃圾」、「不浪費」的呼籲，演化出「可持續發展」這樣更容易理解又積極的概念，因此我認為在經濟方面，也應該採用類似的說法。

　　大多數人都同意「藉由悲劇（革命、戰爭、疾病）來重設貧富差距」是件壞事，因此，不論你信奉馬克思主義、資本主義或其他想法，大家應該都會贊成「打造可持續發展的經濟系統」吧。

　　當大家有了共識，在討論「是否應該增加累進稅」或者「是否應該實施基本收入」時，應該就能朝著共同目標來對談，不會再互相衝突。因此，出於以上原因，本書創造了「鑽漏洞者」和「可持續發展之的經濟系統」等詞彙。這並非擅自為經濟學理論附加多餘的辭彙，只是為了讓大家更容易理解，如果真的對大家有所幫助，就太好了。

　　我決定撰寫這本書的原因，是認為如果有更多人了解國家和貨幣體系的運作，世界或許會變得更好。

　　國家和貨幣系統都是「為了讓人類能幸福地生活」而打造的產物，並非無法控制的自然現象，「發生通貨膨脹」和「颱風來了」是完全不一樣的事物。經濟事件其實可以比擬為「人類打造下水道後，轉動水龍頭就能獲得自來水」等可控制的事物。只要我們正確理解、有效控制，世界應該會變得更好。然而，大多數政治家、公務員、擁有選舉權的我們、有權勢者及普通人、孩子與大人，大家幾乎都不了解經濟體系，一直生活在誤解當中。

　　我並不是要批判現在的政治家或者政府官僚，儘管大

部分人對他們的印象並不好，但據我所知，大多數公務員以及與政治工作者都是抱持著「希望讓日本更好」的崇高志向，在拚命工作。

不論是政府官僚、政治家、公務員、上班族、技術人員，或者專門人士、工人、清潔人員，每個人的角色都非常重要，大家都對社會有貢獻、是必不可少的存在。問題在於，大家對經濟體系的理解不足，儘管每個人都很努力，但社會整體卻朝著錯誤的方向前進。

在日本，人們對於「什麼是金錢？」「國家的存在目的為何？」普遍認識不足，所以無法做出正確的判斷。有些人甚至誤以為國家是靠著稅金在營運，認為「如果稅金不足以彌補國家預算，所以無法救助貧窮人口的話，就只好提高消費稅，然後優待那些高額納稅人」。還有一些人誤以為金錢是代表個人價值的魔法工具，認為「那些從事不賺錢工作的人，都是沒有賺錢能力的無能之徒」。

這些觀點很明顯是錯誤的。在日本，理論上應該有足夠的房屋、物資、食物，能救助飢餓的人；同樣的，金錢無法代表工作的價值，有許多人的薪酬並沒有正確反映出該工作的價值。當錯誤觀念擴散後，正確的政策必定難以施行，導致許多人陷入困境。這都是因為大家對國家和金錢的基礎認知有偏頗，所以難以做出正確判斷。

如果現狀持續下去，貧富差距會繼續擴大，社會中的

弱勢群體會被逼入絕境。社會的不安持續膨脹，大家將感受到治安越來越差。回顧歷史，當扭曲的情況嚴重到大家無法忍耐時，就會發生革命或戰爭，才能重設貧富差距。我不希望發生悲劇，想要維持和平，讓強者和弱者都能幸福生活的時代可以長久持續下去。

正因如此，我希望有更多人能理解國家和貨幣體系，從制定區域規則的縣市自治單位成員、政治家與政府官僚，到擁有投票權的人們，所有人作為社會的一份子，都能提出各種觀點和制度。如此一來，社會就能減少犯錯的可能性，世界也會變得更美好。

當以下概念成為社會共識——「稅金並非政府的主要財源」、「最重要的事情不是金錢多寡，而是人、技術和實體商品」——那麼世界一定會有所改變。這些觀念非常基礎，也理所當然，但由於世界的複雜度，讓很多人甚至是政治家都產生錯誤的認知。我打從心底希望這本書能夠成為改變社會的契機。

讀到此處，如果您覺得這本書相當有趣，還請務必向他人推薦，或撰寫評論，這將是我的榮幸。

作者我平常從事普通的工作、賺取普通的收入，生活並不會因為這本書賣得多好而改變。比起銷售額，我更希望能夠推廣本書的內容。因此，還請務必將自己手中的這本書，借給朋友和家人閱讀。

如果購買這本書的一個人能夠讓另一個人閱讀，那麼

只要有一千個人偶然讀完這本書，就有兩千個人能更理解國家和經濟的結構。僅僅是這樣，就能對世界產生些許影響。若這本書能夠被政治相關工作者閱讀，我想應該能促成更大的改變。我們每一個人小小的行動與思考，都有可能擴散成為世界整體的認知，並改變未來的社會。

希望這本書能夠在某種程度上對大家有所幫助，進而使人類走向更美好的未來。

非常感激大家閱讀到此處，本書內容在此結束。

一謝詞一

撰寫這本書時，我得到審定者井上智洋先生和望月慎先生相當多的照顧，感激不盡。另外，對於啟發我愛上經濟學、教導我現代貨幣理論基礎的KOTATSU氏，在此也奉上無比感謝。

除此之外，我還要感謝編輯橋本圭右先生、日本Sanctuary出版社的所有職員，以及在我寫書時支持我的妻子等等，托許多人的福我才能完成這本書。

真的相當感謝。

※QR碼是本書中無法詳細介紹的經濟學理論解說、參考文獻清單，以及萬一書中有錯誤時的更正資訊等。

參考文獻

1.Wray, L. R. & Bell, S. A. The War on Poverty after 40 Years: A Minskyan Assessment. SSRN Electron. J. (2004) doi:10.2139/ssrn.536802.

2.Wray, L. R., Dantas, F., Fullwiler, S., Tcherneva, P. R. & Kelton, S. A. Public service employment: A path to full employment. Res. Proj. Report. Annandale-on-Hudson, NY Levy Econ. Inst. Bard Coll. April (2018).

3.Wray, L. R. *Understanding modern money.* (Edward Elgar Publishing, 1998).

4.Wray, L. R. *Money and credit in capitalist economies.* (Edward Elgar Publishing, 1990).

5.Wray, L. R. The rise and fall of money manager capitalism: a Minskian approach. Cambridge J. Econ. 33, 807-828 (2009).

6.Wray, L. R. Financial Markets Meltdown: What can we learn from Minsky? The Levy economics institute of Bard College (2008).

7.Tymoigne, E. & Wray, L. R. Modern money theory 101: A reply to critics. Levy Econ. Institute, Work. Pap. Ser. (2013).

8.Tymoigne, E. Asset prices, financial fragility, and central banking. (2006).

9.Tymoigne, E. On the optimality of a permanent zero central-bank rate: Why were central banks created. in 12th Conference of the Research Network Macroeconomics and Macroeconomic Policies (2008).

10.Tymoigne, E. Modern Money Theory, and Interrelations Between the Treasury and Central Bank: The Case of the United States. J. Econ. Issues 48, 641-662 (2014).

11.Tymoigne, E. Central Banking, Asset Prices and Financial Fragility. (Routledge, 2008). doi:10.4324/9780203885178.

12.Pigeon, M.-A. & Wray, L. R. Demand Constraints and Economic Growth. SSRN Electron. J. (1999) doi:10.2139/ssrn.165749.

13.Mitchell, W., Wray, L. R. & Watts, M. *Macroeconomics.* (Bloomsbury Publishing, 2019).

14.Futtwiler, S. T. Interest Rates and Fiscal Sustainability. J. Econ. Issues 41, 1003-1042 (2007).

15.Fullwiler, S. T., Bell, S. A. & Wray, L. R. Modern Money Theory: a Response to Critics. SSRN Electron. J. (2012) doi:10.2139/ssrn.2008542.

16.Fullwiler, S. T. Macroeconomic Stabilization through an Employer of Last Resort. J. Econ. Issues 41, 93-134 (2007).

17.Fullwiler, S. T. Treasury Debt Operations: An Analysis Integrating Social Fabric Matrix and Social Accounting Matrix Methodologies. SSRN Electron. J. (2011) doi:10.2139/ssrn.1825303.

18.Cynamon, B. Z. & Fazzari, S. M. Household Debt in the Consumer Age: Source of Growth--Risk of Collapse. Capital. Soc. 3, (2008).

19.Bezemer, D. J. "No one saw this coming": understanding financial crisis through accounting models. (2009).

20.Bell, S. & Wray, L. R. Fiscal Effects on Reserves and the Independence of the Fed. J. Post Keynes. Econ. 25, 263-271 (2002).

21.Bell, S. The role of the state and the hierarchy of money. Cambridge J. Econ. 25, 149-163 (2001).

22.Bell, S. Do Taxes and Bonds Finance Government Spending? J. Econ. Issues 34, 603-620 (2000).

23.Mitchell, W. & Fazi, T. Reclaiming the State. The New York Times (Pluto Press, 2017). doi:10.2307/j.ctt1v2xvvp.

24.Tymoigne, E. Money & Banking | New Economic Perspectives. https://neweconomicperspectives.org/money-banking.

25.Tymoigne, E. Money and Banking ? Part 11: Inflation | New Economic Perspectives. http://neweconomicperspectives.org/2016/04/money-banking-part-11-inflation.html.

26.Thompson, E. A. The tulipmania: Fact or artifact? Public Choice 130, 99-114 (2007).

27.World Economic Outlook Database, April 2022. https://www.imf.org/en/Publications/WEO/weo-database/2022/April (2022).

28.World Inequality Report 2022. https://wir2022.wid.world/.

29.Jesse, E., Jeff, E. & Paul, K. The Secret IRS Files: Trove of Never-Before-Seen Records Reveal How the Wealthiest Avoid Income Tax. ProPublica (2021).

30.Petrou, K. Only the Rich Could Love This Economic Recovery. The New York Times (2021).

31.Bill Mitchell - Modern Monetary Theory search search Search Macroeconomic research, teaching and advocacy. http://bilbo.economicoutlook.net/blog/.

32.Labaton, S. Agency's '04 Rule Let Banks Pile Up New Debt. The New York Times (2008).

33. L・ランダル・レイ (著), 島倉 原 (翻訳), 鈴木正徳 (翻訳), 中野 剛志 (その

他), 松尾 匡 (その他) ／『MMT現代貨幣理論入門』(東洋経済新報社, 2019).

34. ステファニー・ケルトン (著), 井上 智洋 (その他), 土方 奈美 (翻訳) ／『財政赤字の神話：MMTと国民のための経済の誕生』(早川書房, 2020).

35. チャールズ・マッケイ／『狂気とバブル』(パンローリング株式会社, 2004).

36. L・ランダル・レイ (著), 横川太郎 (翻訳), 鈴木正徳 (翻訳) ／『ミンスキーと〈不安定性〉の経済学：MMTの源流へ』(白水社, 2021).

37. 中野剛志／『目からウロコが落ちる 奇跡の経済教室【基礎知識編】』(ベストセラーズ, 2019).

38. ウォルター シャイデル (著), 鬼澤 忍 (翻訳)塩原 通緒 (翻訳) ／『暴力と不平等の人類史：戦争・革命・崩壊・疫病』(東洋経済新報社, 2019).

39. ジャレド・ダイアモンド (著), 倉骨彰 (翻訳) ／『銃・病原菌・鉄（上)1万3000年にわたる人類史の謎』(草思社, 2012).

40. ジャレド・ダイアモンド (著), 倉骨彰 (翻訳) ／『銃・病原菌・鉄（下）1万3000年にわたる人類史の謎.』(草思社, 2012).

41. マイケル・ルイス (著)東江一紀 (翻訳) ／『世紀の空売り 世界経済の破綻に賭けた男たち』(文藝春秋, 2013).

42. 望月慎／『図解入門ビジネス 最新 MMT[現代貨幣理論]がよくわかる本』(秀和システム, 2020).

43. 斎藤幸平／『人新世の 「資本論」』(集英社, 2020).

44. 井上智洋／『MMT 現代貨幣理論とは何か』(講談社, 2019).

45. 松尾匡, 井上智洋, 高橋真矢／『資本主義から脱却せよ〜貨幣を人びとの手に取り戻す〜』(光文社, 2021).

46. 井上智洋／『「現金給付」の経済学：反緊縮で日本はよみがえる』(NHK出版, 2021).

47. 井上智洋／『人工知能と経済の未来 2030年雇用大崩壊』(文藝春秋, 2016).

48. 『世紀の空売り (The Big Short)』―"リーマン・ショックの本質" 『視点を磨き、視野を広げる』第5回 | ニュース屋台村. https://www.newsyataimura.com/

49. 米大富豪「ほとんど納税せず」＝米ウェブメディア - BBC. https://www.bbc.com/japanese/57422967 (2021).

50. 米国と比べエンジニアの給与水準が低い日本|ワークスタイル|エンジニアとしてもっと活躍したい方へ エンジニアのためのナレッジ「テクノヒント」. https://www.technopro.com/design/rec_c/lp/ml_info/workstyle/work20200301.html (2019).

51. 財務省の任務は「財政健全化」ではない―財務副大臣と激論 - 前衆議院議員 高井たかし 公式サイト. https://takaitakashi.com/archives/41460 (2021).

52.外国為替相場の仕組みと予想のポイント - 日本経済新聞. https://www.nikkei.com/article/DGXMZO85999400S5A420C1000000/ (2015).

53.NEWS ONLINE 編集部. 石油産出国のベネズエラ〜なぜ経済破綻したのか?: ニッポン放送 NEWS ONLINE. https://news.1242.com/article/165404 (2019).

54.サブプライム問題の深化はレバレッジと CDO(債務担保証券)が主導|金融市場動向|投資信託のニッセイアセットマネジメント. https://www.nam.co.jp/market/column/trend/2007/070831.html (2007).

55. アルミ地金推移 - 開明伸銅. https://kaimeishindo.com/publics/index/47/.

56.中野晴啓. 預金1000兆円 長期投資に回ればデフレは終わる. 日本経済新聞 (2021).

57.辛巴威基礎資料|外務省. https://www.mofa.go.jp/mofaj/area/zimbabwe/index.html

58.銀行券が日本央行のバランスシートにおいて負債に計上されているのはなぜですか?: 日本央行 Bank of Japan. https://www.boj.or.jp/about/education/oshiete/outline/a23.htm/.

59.日本央行が国債の引受けを行わないのはなぜですか?: 日本央行 Bank of Japan. https://www.boj.or.jp/about/education/oshiete/op/f09.htm/.

60.日本央行の役職員は公務員ですか?: 日本央行 Bank of Japan. https://www.boj.or.jp/about/education/oshiete/outline/a10.htm/.

61.日本央行の独立性とは何ですか?: 日本央行 Bank of Japan. https://www.boj.or.jp/about/education/oshiete/outline/a03.htm/.

62.日本で流通しているお札は全部でどれくらいありますか?: 日本央行 Bank of Japan. https://www.boj.or.jp/about/education/oshiete/money/c06.htm/.

63.IMF. Russian Federation: Recent Economic Developments [IMF Staff Country Report No. 99/100]. (1999).

在編寫本書的過程中，我參考了以上文獻和網站，在此向所有作者表示感謝。

地球觀 83

如果國家是100人島～
東大生讓『經濟學』變好玩的秒懂筆記
東大生が日本を100人の島に例えたら 面白いほど経済がわかった!

作 者	Mugitaro（ムギタロー）
插 畫	Harupei（ハルペイ）
審 定	井上智洋、望月慎
譯 者	黃詩婷

社 長	張瑩瑩
總 編 輯	蔡麗真
責任編輯	陳瑾璇
校 對	林昌榮
行銷經理	林麗紅
行銷企畫	李映柔
封面設計	萬勝安
美術設計	洪素貞

出 版	野人文化股份有限公司
發 行	遠足文化事業股份有限公司 (讀書共和國出版集團) 地址：231 新北市新店區民權路 108-2 號 9 樓 電話：（02）2218-1417　傳真：（02）8667-1065 電子信箱：service@bookrep.com.tw 網址：www.bookrep.com.tw 郵撥帳號：19504465 遠足文化事業股份有限公司 客服專線：0800-221-029
法律顧問	華洋法律事務所 蘇文生律師
印 製	凱林彩印股份有限公司
初 版	2024 年 1 月

TODAISEI GA NIHON WO 100NIN NO SHIMA NI TATOETARA
OMOSHIROIHODO KEIZAI GA WAKATTA
Copyright © MUGITARO 2022
Illustrations © Harupei
Chinese translation rights in complex characters © 2024 by Yeren
Publishing House
Chinese translation rights in complex characters arranged with
SANCTUARY PUBLISHING INC. through Japan UNI Agency, Inc.,
Tokyo and BARDON-Chinese Media Agency, Taipei

國家圖書館出版品預行編目（CIP）資料

如果國家是 100 人島：東大生讓「經濟學」
變好玩的秒懂筆記 / ムギタロー作；黃詩婷
譯 .-- 初版 .-- 新北市：野人文化股份有限
公司出版：遠足文化事業股份有限公司發
行 , 2024.01　面；　公分 .-- (地球觀；83)
譯自：東大生が日本を 100 人の島に例え
たら 面白いほど経済がわかった！
ISBN 978-986-384-974-2(平裝)
ISBN 978-986-384-970-4 (PDF)
ISBN 978-986-384-971-1 (EPUB)

1.CST: 總體經濟學

550　　　　　　　　　　112018444

野人文化
官方網頁

野人文化
讀者回函

如果國家是 100 人島～東大生讓
『經濟學』變好玩的秒懂筆記

線上讀者回函專用
QR CODE，你的寶
貴意見，將是我們
進步的最大動力。